Margaretha Kopeinig/Helmut Brandstätter • So kann Europa gelingen

Margaretha Kopeinig/Helmut Brandstätter

SO KANN EUROPA GELINGEN

Gespräche mit
Werner Faymann • Sigmar Gabriel • Federica Mogherini

Mit Beiträgen von
Peter Bofinger, Marcel Fratzscher und Jeffrey Owens
sowie einem Vorwort von
Jean-Claude Juncker

K&S

www.kremayr-scheriau.at

ISBN 978-3-218-00967-6

Schutzumschlaggestaltung: Sophie Gudenus
Fotos auf dem Schutzumschlag, v.l.n.r.: Johannes Zinner;
Isopix/picturedesk.com; Maurizio Gambarini/dpa/picturedesk.com
Typografische Gestaltung und Satz: Sophie Gudenus
Gestaltung der Statistiken Seiten 167–173: Christa Breineder
Druck und Bindung: Druckerei Theiss GmbH, St. Stefan i. Lavanttal

INHALT

Macht der Menschen, Macht der Zukunft

Vorwort- und Vorwärts-Gedanken über die Zukunft Europas
*Von Jean-Claude Juncker**

Wir schreiben – nach dem kurzen, heftigen 20. „Jahrhundert der Extreme“ – das Jahr 2014 eines hoffentlich längeren Säkulums. Zumindest in Europa. Zumindest in der westlichen Welt. Wenn wir denn noch von einer westlichen Welt im Sinne des Abendlandes reden können. Oder reden sollen. Vielleicht eher von einer demokratischen und freien Welt, die jedoch per definitionem geografisch und gesellschaftlich nur offen sein kann. Denn weder die politische Demokratie noch die menschliche Freiheit lassen sich räumlich eingrenzen. Schließlich sind beide tief im Menschen verwurzelt. Ja, die Freiheit macht den Menschen eigentlich aus. Die ganzheitliche, nicht nur die wirtschaftliche Freiheit. Sonst kann sich die Freiheit schnell in ihr Gegenteil verkehren. Insofern behält auch im angehenden 21. Jahrhundert der Wahlspruch der Französischen Revolution „Liberté, Égalité, Fraternité – Freiheit, Gleichheit, Brüderlichkeit“ seinen ganzen Wert.
Gerade in einer zunehmend globalisierten, fragmentierten, vernetzten Welt gilt es, auch die Verzahnung dieser Werte im Menschen zu sehen. Und sie dann auch politisch, wirtschaftlich, gesellschaftlich umzusetzen. Wobei Freiheit in erster Linie die Freiheit

* Jean-Claude Juncker ist seit Anfang November 2014 Präsident der Europäischen Kommission. Das Europäische Parlament hat ihn im Juli mit großer Mehrheit zum Kommissionspräsidenten gewählt. Der Christdemokrat war von 1995 bis Ende 2013 Ministerpräsident Luxemburgs. Von 1989 bis 2009 war er Finanzminister. Von 2005 bis 2013 war er zudem Vorsitzender der Euro-Gruppe.

zur Selbstbestimmung und zur Selbstentfaltung sein muss, Gleichheit in erster Linie die Gleichheit im Staat und vor dem Gesetz bedeutet. Aber auch Gemeinwohl und Gerechtigkeit in der Gesellschaft. Und Brüderlichkeit schließlich meint nichts anderes als gewollte und gelebte Gemeinschaft über die bloße Gesellschaft hinaus. Bei genauerer Betrachtung sind wir also auch im postmodernen Jahrhundert noch weit von diesen hochgesteckten Idealen entfernt. Politisch entscheidend jedoch ist, dass der eingeschlagene Weg stimmt. Denn wirklich ankommen werden wir politisch nie. Die absolut freie, die absolut gleiche, die absolut brüderliche Welt wird immer unerreichbar bleiben. Das lehrt uns die Tragik der Geschichte. Denn das Absolute liegt oft sehr nahe beim Totalitären oder beim Fundamentalismus. Und somit auch bei Gewalt und Krieg.

Die friedensstiftende Wurzel-Idee Europas geht gerade deshalb vom ganzheitlichen Menschen aus. Von seinen Stärken. Aber auch von seinen Schwächen. Von den Stärken der Nationalstaaten. Aber auch und gerade von ihren Schwächen. Von den Stärken des Supranationalen. Aber auch hier – eindeutig – von seinen Schwächen. Europa und die Europäische Union sind mithin weder Nationalstaat noch absolute Heilslehre. Ja, selbst die Frage, ob die föderale Idee heute noch zeitgemäß ist, muss zumindest aufgeworfen werden. Zukunftsweisend ist vielmehr eine andere, etwas in Vergessenheit geratene politisch-gesellschaftliche Leitidee: die Subsidiarität. Man könnte zuweilen fast den Eindruck gewinnen, dass sie, nachdem sie Einzug in die europäischen Verträge gehalten hat, aus dem wirklichen Leben der Union verschwunden ist. Subsidiarität bedeutet letztlich politisch-gesellschaftliche Hilfestellung zur Freiheit. Und ist somit die andere Seite der Solidaritätsmedaille, die den Menschen und seine Gemeinschaften weder bevormunden noch erschlagen, sondern vielmehr aufbauen soll.

Auch das Europa der großen Dinge, der guten Idee, des richtigen Weges ist aus dem Leben der Menschen verschwunden. Teilweise politisch gewollt, teilweise systemisch ungewollt. Gleichzeitig ist das real existierende Europa der kleinen Dinge, der erdrückenden Bürokratie, des nicht zielführenden Weges zu präsent im Alltag der Menschen. Ohne diesen wirklich nachhaltig zu verbessern. Insofern muss sich Europa wirklich wieder den großen Dingen zuwenden. Und die kleinen Dinge den Nationalstaaten, Regionen und Kommunen überlassen. Anders gesagt: Europa muss wieder mit der Wirklichkeit der Menschen vor Ort verzahnt werden. Nicht nur in Europa übrigens.

Denn Europa hat sich vom Leben der Menschen und von ihrer Wirklichkeit entfernt. Deshalb muss das Europa der Zukunft auch menschlicher sein – oder es wird nicht sein! Menschlicher nach innen im Sinne von freier und gerechter, effizienter und transparenter. Aber auch menschlicher nach außen im Sinne einer sanften Wertemacht statt einer bloßen Wirtschafts- oder Finanzmacht. Überhaupt muss sich Europa von der Vorstellung und mehr noch von der Wirklichkeit einer reinen Wirtschaftsmacht sowie einer reinen Wirtschaftsgemeinschaft verabschieden. Ohne Wirtschaft ist zwar alles nichts. Gleichzeitig ist der Mensch aber nicht nur Arbeitnehmer oder Arbeitgeber, Verbraucher oder Produzent. Und die Europäische Union eben nicht nur Wirtschaftsunion, sondern Union der Europäer und Nationen.

25 Jahre nach dem Fall der Berliner Mauer – ein epochales Ereignis, das weder zu einer „Neuen Weltordnung“ noch zum Triumph des Kapitalismus noch zum „Ende der Geschichte“ geführt hat – steht gerade Europa am Scheideweg seiner letzten historischen Chance. Denn die Zukunft Europas entscheidet sich in den kommenden Jahren. Im Hier und Jetzt. Gemeinsam werden wir diese letzte Chance nutzen. Nicht nur aus dem verzweifelten „Prinzip Hoffnung“ heraus, sondern weil es die Europäer selbst sein werden, die Europa in eine bessere Zukunft hineinführen werden. Und eben nicht mehr die großen Staatsmänner der Vergangenheit, die es so nicht mehr gibt. Dennoch müssen auch im 21. Jahrhun-

dert die Zukunftsimpulse und Zukunftsperspektiven von der Politik ausgehen. Dies ist ihre größte Zukunftsverantwortung. Aber eben nicht mehr von oben herab, sondern von unten her wachsend mit und für die Menschen. Auch das ist ein Stück vergessene Subsidiarität.

Den mühsamen Weg einer besseren, freieren, gleicheren, brüderlicheren Zukunft können wir also nur gemeinsam beschreiten: die Politik mit den Menschen, die Europäische Union mit den Nationalstaaten, die keineswegs eine provisorische Erfindung der Geschichte sind, mit den Regionen, Europa mit Amerika und China, mit Russland, Indien, Brasilien und nicht zuletzt auch mit dem oft vergessenen Afrika. Denn auch wenn die Schuldenkrise längst noch nicht überstanden ist, so bleibt doch die tägliche Hungerkatastrophe die eigentliche große Krise unserer Zeit. Weder Europa noch die Welt werden einen nachhaltigen Frieden finden, solange diese existenziellste aller Zukunftsfragen nicht gelöst ist. Gleiches gilt für den weltethischen Dialog der Kulturen und Religionen, denen hier eine besondere Zukunftsverantwortung zukommt, ansonsten wir zum andauernden Clash der Gewalt verdammt sein werden.

Existenziell für die Europäer ist indes auch die gegenwärtige Arbeitslosigkeit, vor allem die Jugendarbeitslosigkeit. Ein nicht hinnehmbarer, virtueller 29. Mitgliedsstaat der Hoffnungslosigkeit ist so entstanden. Zukunft sieht anders aus! Doch auch hier kann Politik nur subsidiarisch handeln und bestmögliche Rahmenbedingungen für inklusives Wachstum und neue Investitionen schaffen. Dies wird die erste Priorität der neuen Kommission sein. Aber auch die Nationalstaaten und die Wirtschaft selbst stehen hier in ihrer ureigensten Gemeinwohl-Verantwortung. Nicht nur die Politik muss mithin wieder auf die Menschen zugehen: Auch die Wirtschaft muss wieder menschengerechter werden. Über politische Rahmenbedingungen hinaus müssen Politik und Wirtschaft gemeinsam für einen gesellschaftlichen Klimawandel sorgen, der nicht nur Bruttoinlandsprodukt-, sondern auch breites Arbeitsmarkt-Wachstum produziert. Denn ohne gute Arbeit für alle ist „Wohlstand für alle“ – der Kerngedanke der Sozialen Marktwirtschaft und somit des Europäischen Sozialmodells – trotz aller richtigen Überlegungen über Grundeinkommen schlichtweg unmöglich. Indes: Nachhaltige Arbeitsmarktpolitik ist keine budgetäre Strohfeuerpolitik. Nachhaltiges Wachstum wird nur möglich sein vor dem Hintergrund solider Haushalte und einer stabilen Zukunftswährung: dem Euro.

Doch die bereits angesprochene Krise gründet tiefer: Es ist im Kern nicht nur eine Krise der Wirtschaft, der Finanzen, der Arbeit. Es ist auch eine geistig-moralische Sinnkrise der sogenannten Postmoderne, in welcher der kollektive Schein und das individualistische Haben oft mehr zählen als das menschliche Sein. So erst konnte es zum offensichtlichen Verrat an den Kardinaltugenden der Sozialen Marktwirtschaft – dem eigentlichen Krisengrund – kommen. Es ist mithin die Krise einer Welt, in der die Menschen sich nicht mehr zurechtfinden. Auch weil oft kein Platz mehr für sie da ist. Europa wird hier die Menschen und somit die Zukunft nur mit neuen Sinn-Antworten überzeugen und gewinnen können.

Denn die Macht der Zukunft – ob nun staatlich oder nicht – wird nur als Macht der Menschen Bestand haben. Nach innen bedeutet dies eine wesentlich größere politische und auch zivilgesellschaftliche Überzeugungsarbeit. Anders gesagt: Europa muss die Europäer wieder zurückerobern. Mit mehr Arbeit. Mit mehr Verteilungsgerechtigkeit. Aber auch mit mehr Demokratie und Mitbestimmung in Politik und Wirtschaft. Und auch mit mehr Gemeinschafts- und Gemeinwohlangebot in Freiheit und Frieden. Dies ist das kontinentale Zukunftsprogramm der kommenden Jahre. Gleichzeitig ist dies das Fundament für eine dringend erforderliche einheitliche europäische Außenpolitik als Softpower, also als sanfte Zukunftsmacht der anziehenden Ideale. Was im

Übrigen keineswegs bedeutet, dass Europa nicht auch militärisch enger zusammenstehen muss. Die Zeit dieses neuen sanften Europas in einer Weltgemeinschaft, die händeringend nach einer neuen, gemeinschaftlichen Weltordnung und Werteordnung sucht, ist keineswegs abgelaufen. Europas neue Zukunft fängt – wie dieses spannende Buch auf eindrucksvolle Weise zeigt – gerade eben erst an. Die Welt wartet nur darauf. Die Europäer auch …
Ich wünsche eine inspirierende Zukunftslektüre und uns allen zielführende Zukunftsdebatten!

Jean-Claude Juncker
Präsident der Europäischen Kommission
Luxemburg und Brüssel, November 2014

So kann Europa gelingen – ein Ausblick

Was tun, um die Wirtschaft und das Wachstum nach vorne zu bringen, steigende Arbeitslosenzahlen und sinkenden Wohlstand zu verhindern? Das ist die große Frage, die viele europäische Politiker rund um die Uhr beschäftigt. Es geht nicht nur um die zwei Ws – um Wirtschaft und Wachstum –, es geht in einer krisenanfälligen Welt auch um eine starke europäische Außen- und Sicherheitspolitik sowie um das Vertrauen der Bürger in das europäische Projekt. Es geht schlicht um eine europäische Agenda, die eine Perspektive bietet.

Europa steht demnach vor drei großen Herausforderungen: erstens die Wirtschaftsentwicklung, die Schaffung neuer und nachhaltiger Arbeitsplätze sowie zukunftsweisende Investitionen. Zweitens braucht es eine Außenvertretung und Diplomatie, die hilft, Krisen und Konflikte in der Nachbarschaft zu lösen und Europa wieder als Akteur zurück auf die globale Bühne zu bringen. Drittens geht es darum, die Vorteile und den Wert der Europäischen Union besser zu erklären oder, wie Marketingstrategen sagen, besser zu verkaufen. Nicht die nationale Karte sticht, sondern der gemeinsame Joker, nicht der Glaube an Nationalisten und Populisten macht Europa im internationalen Wettkampf konkurrenzfähig, sondern das Wissen und die Erfahrung von konkreten Ergebnissen durch das gemeinsame Handeln und Entscheiden in dieser Union.

Wie Europa wirtschaftlich auf die Sprünge kommt und gelingen kann, zeigen die Gespräche mit wichtigen Akteuren: mit Bundeskanzler Werner Faymann, Vizekanzler und Wirtschaftsminister Sigmar Gabriel sowie der Hohen Beauftragten für die Außen- und Sicherheitspolitik, Federica Mogherini. Beiträge von angesehenen

Ökonomen runden das Bild ab: Der deutsche Wirtschaftsweise Peter Bofinger, der Chef des Deutschen Instituts für Wirtschaftsforschung (DIW) Marcel Fratzscher sowie der international bekannte Steuerexperte Jeffrey Owens formulieren ihre Thesen und tragen zur Diskussion bei.
Wie sich die europäische Außenpolitik besser behaupten und durchsetzen kann, skizziert die neue Hohe Beauftragte, die ehemalige italienische Außenministerin Federica Mogherini. Die EU-Diplomatie braucht mehr als nur ein „Facelifting", sie braucht einen neuen Zuschnitt, einen neuen Stil, ein neues Selbstbewusstsein und mehr Macht.
Geht es um die Konjunktur und wirtschaftliche Perspektiven, zieht sich die Forderung nach mehr Investitionen im öffentlichen und im privaten Sektor wie ein roter Faden durch das Buch. Nur Investitionen können Wachstum fördern und den Arbeitsmarkt stimulieren, ist die einhellige Meinung aller Interviewpartner und Fachbeiträge im Buch.

Wege aus der Wirtschaftskrise

Werner Faymann verlangt in der Debatte über die Belebung der Wirtschaft und die Reduktion der Arbeitslosigkeit jene Solidarität unter den 28 EU-Regierungschefs, die es am Höhepunkt der Krise für die Rettung der Banken gegeben hat. „Die gleiche Spannung, Überzeugung, Tatkraft, die in dieser Krisensituation geherrscht haben, müsste man jetzt wieder schaffen, um einen Schutzschirm gegen Arbeitslosigkeit und für Zukunftsinvestitionen zu schaffen. Jetzt geht es darum, Menschen zu retten." Er bedauert, dass „dieser gemeinsame Wille derzeit nicht spürbar ist. Die Europäische Union zerfällt viel zu rasch in nationale Interessen", obwohl das Gemeinsame, das Miteinander gerade jetzt in der Wirtschaft gefordert sei. Faymanns Credo ist, dass Europa mehr gemeinsame

Entscheidungen und einen größeren Zusammenhalt brauche, denn: „Solidarität nützt allen."

Faymann sieht in der Stärkung und im Ausbau der Sozialsysteme eine Möglichkeit für Investitionen und für die Schaffung neuer Arbeitsplätze.

Sigmar Gabriel fragt, in welchen Bereichen Investitionen gebraucht werden, um die Wettbewerbsfähigkeit in einer sich digitalisierenden globalen Ökonomie zu verbessern. Er gibt gleich selbst die Antwort: „Investitionen in Breitband, in Digitalisierungsstrategien oder in Energieeffizienz, die Wachstum bringen, sind sinnvolle Investitionen. Die braucht Europa mehr denn je."

Für den deutschen Wirtschaftsminister ist Deregulierung per se noch kein neoliberaler Akt. Das Was und das Wie sind entscheidend. „Ich würde der deutschen Telekom gerne mehr Spielraum geben und sie weniger stark regulieren, dann verdient sie auch das Geld, das sie braucht, um in die digitale Infrastruktur zu investieren." Also sinnvolle und vernünftige Rahmenbedingungen für die Unternehmen, die sich Gabriel auch von der EU erwartet. „Auch auf europäischer Ebene regulieren wir viel in dem fatalen Irrtum, die Telekommunikationsunternehmen Europas stünden nur in einem innereuropäischen Wettbewerb. Wir halten sie künstlich klein – vermutlich bis der US-Wettbewerber sie schlucken wird. Mit dem heutigen europäischen Wettbewerbsrecht wäre Airbus vermutlich nie entstanden."

Der SPD-Vorsitzende regt eine Diskussion darüber an, ob Europa seine Prioritäten richtig setzt. „Ich denke, dass wir beispielsweise mehr Geld aus dem Agrarhaushalt in den Bereich Wissenschaft und Forschung umschichten müssten. Hier besteht ein dramatisches Ungleichgewicht. Wir konservieren in der EU oftmals vorhandene Strukturen und tun viel zu wenig für die Zukunft."

Ein Anliegen Gabriels ist es auch, die Frage zu thematisieren, wie die Rahmenbedingungen für private Investitionen in die Realwirtschaft verbessert und vielleicht sogar der Abfluss von Kapital in

die Finanzindustrie etwas unattraktiver gemacht werden könnten. „Die möglichen Antworten reichen vom Bürokratieabbau bis zur steuerlichen Forschungsförderung. Wir dürfen auch die Unternehmen durch immer mehr Regulierung nicht so drosseln, dass ihre Investitionstätigkeit zum Erliegen kommt." Der SPD-Chef sagt auch, dass dies auch „ein Appell an die Kommission ist, zu einem investitionsfreundlicheren Wettbewerbsrecht in Europa zu kommen. Die EU-Kommission redet sonntags gern von Re-Industrialisierung, was ein durchaus richtiges Ziel ist. Aber von Montag bis Samstag wird dann das Gegenteil gemacht, indem neue Bürokratiemonster wie das ‚Made in'-Labeling erdacht werden oder eine noch nicht einmal richtig in Gang gesetzte scharfe CO_2-Regulierung der Automobilindustrie bereits durch eine Debatte über noch schärfere Regulierungen überholt wird."
Der Direktor des Deutschen Instituts für Wirtschaftsforschung, Marcel Fratzscher, konstatiert in seinem Beitrag, dass „niedrige Investitionen eine sinkende Leistungsfähigkeit, Produktivität und Innovation von Unternehmen bedeuten". Das schadet nicht nur ihrer Wettbewerbsfähigkeit auf internationalen Märkten, sondern es entzieht den Unternehmen die Grundlage für den langfristigen Erfolg, was die Wirtschaft noch tiefer in die Krise gleiten lässt. „Je länger die europäische Wirtschaftskrise andauert, desto mehr Wohlstand und Wachstumschancen für die Zukunft werden zerstört."

Strukturreformen allein genügen nicht

Einig sind sich Politiker und Ökonomen darin, dass der laute Ruf nach Strukturreformen allein zu wenig ist, um den Teufelskreis der Krise zu durchbrechen. Es sei zwar richtig, dass viele Länder – und nicht nur die Krisenstaaten Südeuropas – Strukturreformen brauchen. Frankreich und Italien etwa haben riesigen Nachholbedarf, analysiert Fratzscher. Doch die Wirtschaftspolitik greift zu kurz, wenn sie ausschließlich auf die Reform der Angebotsseite der Volkswirtschaften ausgerichtet ist. „Eine solche Politik kann nur erfolgreich sein, wenn sie auch zu einer adäquaten Erhöhung der Nachfrage führt." In Europa, aber auch in Deutschland, gebe es heute ein deutlich höheres Potenzial auf der Angebotsseite als auf der Nachfrageseite. „Deshalb", resümiert der Chef des Deutschen Instituts für Wirtschaftsforschung, „muss eine erfolgreiche Wirtschaftspolitik gleichzeitig die Angebotsseite und die Nachfrageseite stärken. Weder Reformen auf der Angebotsseite alleine noch eine zu starke Fokussierung auf die Nachfrageseite werden zu einer Beendigung der europäischen Krise führen können."

Ein Grund für die Abschwächung der Wirtschaft ist nach Angaben des Professors an der Humboldt-Universität zu Berlin die fallende Inflationsrate, die in vielen Ländern der Eurozone mittlerweile zu einer Deflation geführt hat, was fallende Preise für Güter und Dienstleistungen bedeutet.

Fratzschers Fazit lautet: „Nur ein entschiedener Wachstumsimpuls kann ein Entkommen aus der Krisenfalle bewerkstelligen, der zu einer massiven Stimulierung sowohl der Angebotsseite als auch der Nachfrageseite der europäischen Wirtschaft führt." Er dämpft die Hoffnung, die Europäische Zentralbank könne erneut mit ihren im Herbst 2014 angekündigten Maßnahmen die Märkte und die Wirtschaft Europas schützen und stabilisieren, was sie beispielsweise im Mai 2010 und im Sommer 2012 getan hat, um den Euro stabil zu halten. „Dies wird sie nicht noch einmal tun können. Selbst ein massives Ankaufprogramm von Staatsanleihen und privaten Anleihen, oder was auch als ‚Quantitative Lockerung' bezeichnet wird, wird einen solchen Impuls nicht geben können."

Die europäische Investitionsagenda

Der entscheidende Schlüssel für neue wirtschaftspolitische Dynamik liegt demnach bei den privaten Investitionen in Europa, lautet Fratzschers Credo. „Mehr Investitionen führen zu mehr Produktivität, Innovation und damit zu höherer Beschäftigung und höherem Einkommen." Dieser private Investitionsschub sollte drei Elemente enthalten:

Das erste ist eine Verbesserung von Wettbewerb und eine entschiedene Umsetzung struktureller Reformen: Mehr Wettbewerb und eine höhere Flexibilität von Produkt- und Arbeitsmärkten sind für attraktivere Rahmenbedingungen und Anreize für Unternehmen notwendig.

Das zweite Element der europäischen Investitionsagenda sollte eine expansive Fiskalpolitik sowohl in den Krisenländern als auch in Deutschland oder Österreich sein. „Die Regierungen sollten diese jedoch zum einen für öffentliche Investitionen nutzen, um die Produktivität der Wirtschaft zu verbessern. Zum anderen", so der Hinweis des Ökonomen, „sollten öffentliche Mittel dafür genutzt werden, Arbeitsplätze für Unternehmen durch eine Senkung von Steuern und Abgaben günstiger zu machen." Der Stabilitäts- und Wachstumspakt sollte aber unbedingt – im Rahmen seiner Möglichkeiten – eingehalten werden, fordert Fratzscher, um das ohnedies schwache Vertrauen der Unternehmen und Menschen in Europa nicht noch weiter zu verlieren.

Das dritte Element der europäischen Investitionsagenda sollte die Finanzierung privater Investitionen durch einen Investitionsfonds sein. Ziel dieses Investitionsfonds sei es, die Investitionslücke von zwei Prozent der Wirtschaftsleistung, oder 200 Milliarden Euro jährlich, mittelfristig zu schließen.

Der deutsche Wirtschaftsweise Peter Bofinger hat einen radikaleren Ansatz, er plädiert für einen Paradigmenwechsel, für ein „massives Umdenken". „Nur mit Sparen Europa voranzubringen, das wird nicht gelingen. Man muss dem Staat die Möglichkeit einräumen, Investitionen über Kreditaufnahmen auf den Finanzmärkten durchzuführen. Man muss diese Goldene Regel wieder etablieren, sonst wird man es nicht schaffen, genug Auftrieb zu erzeugen, um angemessenes Wachstum in Europa zu generieren."

Keine Probleme hat Bofinger damit, den Stabilitätspakt der EU flexibler auszulegen und anzuwenden, was ja still und heimlich schon gemacht wird. „Die ganz strikte Austeritätspolitik ist ja schon ad acta gelegt worden." Die Vorgaben des Paktes werden in Spanien und Irland großzügig missachtet. Die verbesserte Lage in diesen beiden Ländern zeigt sich darin, dass „sie eben nicht ein oder zwei Prozent Defizit haben, sondern sechs Prozent". Für Bofinger ist das ein Hoffnungsschimmer, und er wünscht sich eine offene Debatte darüber. „Wenn man Defizite macht, dann könnte man durch einen vernünftigen Diskurs dafür sorgen, die Mittel so einzusetzen, dass sie die besten Effekte für die Zukunft haben."

Um zusätzliche Jobs zu schaffen, weist der Professor an der Universität Würzburg auf ein bewährtes deutsches Modell hin, über das aber nicht viel gesprochen wird. „In Deutschland haben wir die Arbeitslosigkeit dadurch reduziert, dass die Arbeitszeit je Erwerbstätigem deutlich verkürzt wurde. Vom Jahr 2000 an bis heute hat das Arbeitsvolumen, also die Zahl der Stunden, die gearbeitet wurden und werden, kaum zugenommen. Gleichzeitig stieg die Zahl der Beschäftigten um mehr als zwei Millionen. Die Arbeitszeit pro Beschäftigtem ist deutlich zurückgegangen."

Mehr Steuergerechtigkeit

Um Europa voranzubringen fordert Vizekanzler Sigmar Gabriel, die Steuerpraktiken in der EU zu durchleuchten. „Wie wäre es denn, wenn wir mal aufhören würden, einen ruinösen Steuersenkungswettbewerb in Europa zu führen? Wie wäre es denn, wenn wir anfangen würden, Mindestbesteuerung einzuführen, damit nicht große Konzerne wie Google oder Amazon Milliarden in Europa verdienen, aber nur ein, zwei Prozent Steuern in Europa zahlen? Jeder Bäckermeister in Berlin zahlt höhere Steuersätze als diese Konzerne." Wenn nur 10 oder 20 Prozent dieser Gelder, die Multis am Fiskus vorbeischleusen, durch eine faire Mindestbesteuerung und gemeinsame Bemessungsgrundlagen eingehoben würden, „hätten wir viel Geld für Bildung und Investitionen und könnten sogar für die normalen Arbeitnehmer und den Mittelstand noch die Steuern senken", schlägt Gabriel vor.

Viele internationale Unternehmen bekommen häufig Förderungen aus EU-Mitteln, was viele empört. „Sie werden in letzter Konsequenz also von anderen Staaten bezahlt, die höhere Steuersätze haben."

Bundeskanzler Werner Faymann appelliert an seine EU-Kollegen, auch bei Steuern das „solidarische Bewusstsein" zu stärken und einheitliche Bemessungsgrundlagen zu verlangen. „Gegen Steuerdumping, genauso wie gegen Lohndumping, gegen Schwarzarbeitsmärkte, gegen Steuerbetrüger, gegen Steueroasen kann man nur gemeinsam vorgehen." Faymann bleibt seiner Forderung treu und plädiert dafür, den Steuersatz auf große Vermögen über 1 Million Euro gerecht zu besteuern. Österreich hat mit 1,3 Prozent fast die geringsten Vermögenssteuern in der EU (siehe Statistik im Anhang, Seite 173), Deutschland hat 2,3 Prozent Steuern auf Vermögen gemessen an den gesamten Abgaben.

Der international bekannte britische Steuerexperte und Direktor des Global Tax Policy Centers an der Wirtschaftsuniversität Wien, Jeffrey Owens, schreibt in seinem Beitrag, dass Multis jetzt damit rechnen müssen, an neuen Standards des weltweiten Austausches von Steuerinformationen und an der Forderung nach mehr Transparenz nicht vorbeikommen zu können. „Für Multis ist ein Mehr an Transparenz und an Informationen ein erster Schritt, um das Vertrauen der Bürger und Politiker wieder zu gewinnen." Owens sagt, dass Regierungen ihre Steuergesetzgebung so ändern werden, dass es immer weniger Möglichkeiten gibt, Gewinne in Länder mit niedrigeren Steuersätzen zu verlagern.

Der Universitätsprofessor und langjährige Berater der OECD prophezeit, dass Regierungen durch globale Entwicklungen – er definiert Megatrends wie Urbanisierung, Klimawandel, Demografie, aber auch Politikverdrossenheit – gezwungen werden, höhere Steuereinnahmen zu generieren. „Dies wird die Schaffung von wachstumsfördernden Steuersystemen erfordern, durch die ein Teil der Steuerlast auf Gewinnen und Erträgen in Richtung Verbrauch und unbewegliches Vermögen verschoben wird. Staaten werden sich gezwungen sehen, Steuersätze weiterhin zu reduzieren und als Ersatz für die daraus resultierenden einnahmenseitigen Verluste die Steuerbasis zu verbreitern."

Owens geht davon aus, dass durch Steuer- und Transparenz-Regelungen internationaler Organisationen wie der OECD oder auch der EU sowie durch den Druck einer kritischen Öffentlichkeit faire Steuergesetzgebungen große politische Bedeutung bekommen. „Regierungen werden sich mit der Besteuerung von Kapitalbesitz und Kapitaltransfers, insbesondere mit der Frage der Erbschaftssteuern und der Steuern auf Immobilien, auseinandersetzen müssen."

Für beide, Bundeskanzler Faymann und Vizekanzler Gabriel, führt derzeit auch kein Weg an der Einführung der Finanztransaktionssteuer vorbei. Auch diese Abgabe wäre ein Schritt gegen Spekulationen auf den Finanzmärkten, wie Faymann seit Jahren erklärt. Er war der erste hochrangige EU-Politiker, der mitten in der Krise diese Steuer auf Finanztransaktionen verlangt hat. Sigmar Gabriel formuliert es drastisch: „Wenn es uns nicht gelingt, den Steuerdumping-Wettlauf zu durchbrechen, dann sehe ich schwarz für Europa. Das gilt übrigens auch für die Besteuerung der Finanzmärkte und die Finanztransaktionssteuer."

Ein starkes Europa gegen Nationalisten und Populisten

Abgesehen von Wachstumsimpulsen, Beschäftigungsmöglichkeiten und Steuergerechtigkeit vertreten alle Gesprächspartner in diesem Buch auch das Anliegen, das Gemeinsame in der europäischen Politik zu stärken und nach außen zu vertreten. Nicht nur, weil es sinnvoll und im Kontext globaler Herausforderungen vernünftig ist. Es gilt, die Skeptiker in den Mitgliedsländern zu überzeugen, dass „gemeinsam statt einsam" die richtige Entscheidung und Strategie ist. Der ehemalige Kommissionspräsident Jacques Delors brachte es auf den Punkt: „Die Menschen müssen wissen, wofür Europa da ist, sie müssen es spüren."

„Europa steht vor einer ganz, ganz schwierigen Gratwanderung. Viele Bürger haben eine negative Einstellung zu Europa, und sie führen die ökonomischen Probleme, die es gibt, auf Europa zurück. Sie haben die fixe Vorstellung, dass ein Rausgehen aus Europa, die Aufgabe der EU-Mitgliedschaft, eine Besserstellung für sie bedeuten würde", beschreibt Peter Bofinger eine verbreitete Grundstimmung in der Bevölkerung. Er ist der Meinung, dass die Krise den EU-Skeptikern zusätzlich Nahrung gegeben hat. Antieuropäische Parteien haben in vielen Staaten deutlichen Zulauf, das Ergebnis der Wahl zum Europäischen Parlament im Mai 2014 hat das auch gezeigt. Parteien wie der Front National in Frankreich oder die United Kingdom Independence Party (UKIP) in Großbritannien sind auf dem ersten Platz in ihren Ländern gelandet. Diese Parteien üben nicht nur Kritik an der EU, sie lehnen sie grundlegend ab. Sie verfolgen den Ausstieg aus der EU, der Front National will, dass Frankreich den Euro verlässt und zur alten Währung Franc zurückkehrt.

Der deutsche Wirtschaftsweise glaubt, dass Politiker diesen Entwicklungen mit einer prononcierten Europa-Politik entgegensteuern müssen. „Aus Angst vor rechten, nationalen und populistischen Parteien fehlt der Politik der Mut, Europa auf die Agenda zu setzen." Bofinger mahnt eindringlich: „Ein Europa, das sich nicht überzeugend präsentiert, verleiht genau diesen rechtsnationalen Parteien Aufwind."

Ein Rezept, Nationalisten und Populisten zu begegnen, sind für Bundeskanzler Werner Faymann gemeinsame Ergebnisse und Problemlösungen. „Wenn das gelingt, habe ich keine Sorge, weder was die Beteiligung an Europa-Wahlen angeht noch was die Nationalisten betrifft. Wenn wir aber an der eigenen Feigheit scheitern, kann ich mir nicht vorstellen, dass es irgendeinen Zauberer gibt, der Kommissionspräsident heißt und der den fehlenden Mut der Regierungen ausgleichen kann."

Vizekanzler Sigmar Gabriel sieht auch die EU-Kommission gefordert. Sie müsse ihre Lust, alles zu regulieren, zügeln und das Prinzip der Subsidiarität ernst nehmen. Außerdem stellt er infrage, ob eine Kommission mit 28 Mitgliedern wirklich noch effizient arbeiten könne. Für ihn wäre es kein Problem, auf einen eigenen deutschen Kommissar zu verzichten.

Eine gemeinsame außenpolitische Linie

Wie wichtig eine geschlossene und starke Europäische Union sowie mutige Politiker sind, zeigen die vielen Krisen, die sich nicht irgendwo in der Welt, sondern vor der Haustür der EU abspielen. Der Russland-Ukraine-Konflikt, der Terror der Kämpfer für einen Islamischen Staat, der Bürgerkrieg in Syrien, die Konflikte in manchen afrikanischen Ländern – und nicht zuletzt die Seuche Ebola. „Wir leben in einer Welt, die zu Instabilität tendiert. Das waren wir bisher nicht gewohnt", sagt Peter Bofinger.

„Die Welt hat sich völlig verändert", konstatiert auch die neue Beauftragte für die EU-Außen- und Sicherheitspolitik, Federica Mogherini, bei ihrem Hearing im Europäischen Parlament.[1] Mogherini spricht von „einem historischen Moment" der europäischen Entwicklung. „Der Traum Europas darf nicht zu einem Alptraum werden", warnt sie nach ihrer Nominierung als EU-Chefdiplomatin.[2] Im Konflikt zwischen der Ukraine und Russland setzt sie – wie viele andere EU-Politiker – auf eine Konfliktlösung am Verhandlungstisch.

Die große Herausforderung für die EU-Außen- und Sicherheitspolitik sei der islamistische Terrorismus, der Kampf gegen die dschihadistische Terrormiliz ISIS (Islamischer Staat). „ISIS ist kein Staat, und auch nicht der Islam, sondern eine gemeinsame Bedrohung."

Mogherini, die italienische Sozialdemokratin, hat bei ihrem brillanten Auftritt im Europäischen Parlament die EU-Regierungen aufgefordert, gemeinsam eine außenpolitische Vision der EU zu entwickeln. „Auf Krisen zu reagieren, kommt zu spät."

Dem pflichtet Bundeskanzler Werner Faymann ohne Einschränkung bei: „Ich wünsche mir eine gemeinsame außenpolitische Linie, die zuletzt beim Thema Ukraine schwer genug zu finden war."

Werner Faymann*: „Wir brauchen einen Schutzschirm gegen Arbeitslosigkeit und für Investitionen"

Gab es ein Erlebnis, das Sie zum glühenden Europäer gemacht hat?
Es war eher ein Prozess als ein Ereignis. Wir wollen in Europa den Wohlstand ausbauen und auch den Frieden sichern. Nur ein gemeinsames Europa kann die Zukunft sein. Das vertrete ich als Angehöriger einer Generation, die keinen Krieg erlebt hat. Was ich allerdings aus heutiger Sicht und nach meinen Erlebnissen der vergangenen sechs Jahre als österreichischer Bundeskanzler auf der Ebene der Europäischen Union anders gewichte und anders einschätze, sind diese gewissen Ärgernisse. Darüber könnte man ein eigenes Buch schreiben, und zwar auch als begeisterter Europäer. Doch alle diese Ärgernisse, die es unzweifelhaft gibt, können nicht verdecken, was ich in der Krise als positiv erlebt habe: diese besondere Beziehung von 28 Regierungsverantwortlichen zueinander, und auch in Richtung des Europäischen Parlaments und der anderen Einrichtungen. Sie alle haben den Willen, dass sie – wenn es wirklich drauf ankommt – gemeinsam entscheiden.

Also sagen Sie, das Kanzlersein bestimmt das Bewusstsein, oder verändert das Bewusstsein?
Gesellschaftliches Sein bestimmt das Bewusstsein. Aber diese Erkenntnis ist ja nicht von uns beiden …

*

Werner Faymann ist seit dem 8. August 2008 Bundesparteivorsitzender der SPÖ und seit dem 2. Dezember 2008 österreichischer Bundeskanzler. Das Gespräch mit Bundeskanzler Werner Faymann fand am 14. Oktober 2014 in Wien statt und wurde von Helmut Brandstätter geführt.

Aber auch das persönliche Sein, oder?
Jemand, der etwas miterlebt und nicht bereit ist, seine bisherige Sicht der Dinge danach zu verändern, der wäre ja eigentlich starrsinnig. Oder nicht lernfähig. Lernfähigkeit muss es auf allen Ebenen geben.

Die Nagelprobe der Europäischen Union

Gab es auch das eine Europa-Erlebnis? Für mich war das, dass ich als Praktikant bei der Kommission dabeisein durfte, das war für mich ein großes Erlebnis. Aber Sie waren in einer völlig anderen Situation, als Regierungschef. Gab es das eine Erlebnis, die eine Sitzung, die eine Begegnung, die das ausgelöst hat?
Nein, wie gesagt, es war eher eine Entwicklung bei mir. Während der Wirtschaftskrise ab 2008 war unzweifelhaft wichtig, eine Katastrophe wie in den 1930er Jahren zu verhindern, also einen völligen Kollaps und Zusammenbruch der Finanzmärkte auf Kosten der Arbeitnehmerinnen und Arbeitnehmer, mit Massenarbeitslosigkeit. Ein großer Teil der Menschen hat damals nicht einmal mehr Arbeitslosengeld bekommen, die Folgen waren verheerend, bis hin zu den späteren Gewaltauseinandersetzungen, die schlussendlich zum Zweiten Weltkrieg geführt haben. So etwas galt es zu verhindern. Da musste die Europäische Union die Nagelprobe bestehen. Nur Zyniker können sagen: Lasst doch die Banken einfach in Konkurs gehen. Dabei ist doch klar, dass das viele Wirtschaftsunternehmen mitreißen und vor allem die Unschuldigen treffen würde. Die Schuldigen an der Krise, die irgendwelche Spekulationsprodukte, sei es in den USA oder in Europa, erfunden und Milliarden damit verdient haben, die sind ja längst wieder im sicheren Hafen. Es wird keine Arbeiterin und kein Arbeiter Verständnis dafür haben, wenn sein Betrieb schließen muss, weil die Banken oder der Finanzkreislauf zusammenbrechen. Also: Eine Wiederholung der 1930er Jahre zu verhindern, das war für mich entscheidend. Ich habe mich zum

Höhepunkt der Diskussionen um die Eurozone beim Hineingehen in den Europäischen Rat gefragt, warum sollen die Staats- und Regierungschefs einen Schutzschirm aufspannen, wenn jeder rechte Nationalist und jeder rechte Populist zu Hause deswegen leicht ein ganzes Bierzelt aufhussen kann unter dem Motto: „Was ist euch lieber? Das Geld für einen Schutzschirm für die Eurostaaten oder das Geld für noch ein Bier?" Und die Frage war: Warum sollen wir, die Regierungschefs, die alle irgendwann vor Wahlen stehen, in dieser Situation solidarisch sein? Aber wir waren solidarisch. Und das hat mich wirklich sehr positiv beeindruckt.

Jetzt ist der Vergleich mit den 30er Jahren natürlich doppelt interessant, wirtschaftlich, aber auch politisch, weil natürlich die Wirtschaftskrise der 30er Jahre letztlich in die Katastrophe des Zweiten Weltkrieges und in Extremismen wie den Nationalsozialismus geführt hat. Wir müssen dann über die Wirtschaft und auch über Wachstumsprogramme reden. Aber zunächst zum politischen Bereich. Da sagt Joschka Fischer, der gerade ein Buch geschrieben hat, das übrigens den skeptischen Titel hat „Scheitert Europa?", wörtlich: „Die EU ist mehr als ein gemeinsamer Markt, nämlich ein machtpolitischer Akteur, eine politische Einheit mit gemeinsamen Werten und gemeinsamen Sicherheitsinteressen." Dem stimmen Sie sicher zu. Aber handelt die EU auch wie ein machtpolitischer Akteur?

Nein. Und zwar deshalb nicht, weil – außer bei dieser gerade beschriebenen Nagelprobe während der Wirtschaftskrise – die Europäische Union viel zu rasch in nationale Interessen zerfällt. Und die Suche nach dem gemeinsamen Nenner mit mittlerem Aufwand, das reicht jetzt nicht aus. Eigentlich müsste man sagen, die gleiche Spannung, Überzeugung, Tatkraft, die in dieser Krisensituation geherrscht haben, müsste man jetzt wieder schaffen, um einen Schutzschirm gegen Arbeitslosigkeit und für Zukunftsinvestitionen zu schaffen. Aber dieser gemeinsame Wille ist derzeit nicht spürbar.

Und auch nicht für einen Schutzschirm gegen die Völkerrechtsverletzungen seitens Russlands. Müsste sich Europa auch militärisch und machtpolitisch gemeinsam aufstellen?
Ich bin dagegen, dass Österreich die Neutralität einbüßt, indem es Teil eines Militärbündnisses werden würde. Ich bin der Meinung, dass innerhalb der Europäischen Union diese Vielfalt, also das Nebeneinander von neutralen Ländern und Staaten, die sich für militärische Verteidigung und Militärbündnisse entschieden haben, durchaus bestehen kann. Was ich mir wünschen würde, ist eine gemeinsame außenpolitische Linie. Das ist ein eigenes, wichtiges Thema. Und war zuletzt beim Thema Ukraine schwer genug zu finden. Aber dieses Miteinander ist aus meiner Sicht zur Stunde am stärksten in der wirtschaftlichen Frage gefordert. Wenn Europa scheitert, laut Joschka Fischer, dann scheitert es an den Egoismen. Und daran, dass wir jetzt zu wenig aus der Krise heraus investieren, dass diese Heere an arbeitslosen Menschen, vor allem jungen arbeitslosen Menschen, nur mehr Verzweiflung und nicht mehr dieses gemeinsame, demokratisch geführte Europa im Herzen tragen. Wie auch, wenn man jahrelang, bei manchen sogar 10 oder 15 Jahre, keine Arbeit hat? Viele dieser Menschen glauben nicht mehr an den sozialen Zusammenhalt. Die Europäische Union braucht aber die demokratische Legitimation. Sie kann kein rein professorales, rein theoretisches Konstrukt sein. Sie braucht die Bevölkerung. Und gerade die droht sie zu verlieren.

Investitionen und sozialer Zusammenhalt

Jetzt sind sich aber alle einig, von Mitte-Links bis Mitte-Rechts jedenfalls, so habe ich den Eindruck, dass mehr investiert werden muss. Die Frage ist nur: Wo investieren wir, und vor allem mit welchem Geld investieren wir?

Ich glaube, dass hier die Karten nicht ganz ehrlich auf den Tisch gelegt werden. In vielen Ländern glaubt man immer noch, „es wird schon irgendwie gehen". Investieren heißt aber auch, die Folgen zu sehen. Die Länder Südeuropas sind auch ein wichtiger Markt, gerade für Exportländer wie Deutschland und Österreich, daher liegt deren Kaufkraft auch in unserem Interesse. Ich glaube aber nicht, dass sich viele Politiker in Deutschland und Österreich finden, die offen sagen, man soll nicht nur aus menschlichen Gründen solidarisch mit Südeuropa sein, weil jeder Mensch gleich viel wert ist, sondern auch, weil die Solidarität eigentlich allen nutzt.

Helmut Kohl hat immer so argumentiert. Ich erinnere mich, dass er beim Beitritt Spaniens und Portugals gesagt hat: „Ja, das wird die Deutschen Geld kosten. Aber Spanier und Portugiesen werden deutsche Maschinen, Autos etc. kaufen." So hat er argumentiert, dass die Deutschen im Süden investieren müssen.
Das ist richtig. Ich glaube trotzdem, Sie werden heute wenige Politiker finden, die das so sagen, weil dieses Gefühl oder dieses Wissen im Bewusstsein der Bevölkerung noch nicht so tief verankert ist. Es gibt heute zwei Antworten: Die erste ist, „Hauptsache, mir geht es gut. Wenn es dem Nachbar schlecht geht, mache ich meinen Zaun ein bisschen höher." Das ist sicher auch wegen der Gruppendynamik kein untypisches Verhalten …

Ein höherer Zaun kostet aber auch Geld.
… deshalb plädiere ich für die zweite Möglichkeit, nämlich die, dass ich mich auch mitverantwortlich dafür fühle, dass es meinem Nachbarn gut geht. Ich rede jetzt nicht davon, irgendetwas zu verschenken. Ich rede von unterstützen. Wie kann man eine Nachbarschaft pflegen, die für beide angenehm und vorteilhaft ist.

Aber konkret: Wie bringen wir das Geld auf für Investitionen? Es gibt ja verschiedene Modelle. Das jüngste Modell, von dem sich manche begeistern ließen, heißt, man könnte ja den ESM, den Europäischen Rettungsschirm, „anpumpen", weil es gibt diesen Rettungsschirm in der Höhe von 700 Milliarden Euro, Österreich hat seinen Anteil entsprechend einbezahlt. Da ist die Idee aufgetaucht, da könnte man Geld herausnehmen für Investitionen.

Das ist eine wichtige Frage. Man muss aber klarstellen, wofür genau das Geld investiert werden soll, und welche Art von Garantien es dafür gibt. Das ist zwar eine technische, aber ganz wichtige Frage. Ich habe mich lange damit beschäftigt, und ich finde, das ist ein zentraler Punkt, wenn man Investitionen fördern will. Ich will aber noch einen Schritt zurückgehen, bevor ich den zentralen Punkt anspreche. Ich glaube, dass die grundlegende Bereitschaft für gemeinsame Schritte fehlt. Ich glaube, dass die große Mehrheit der politisch Verantwortlichen nach Möglichkeit nur im eigenen Land investieren will. Es gibt überhaupt kein Gefühl der Mitverantwortung dafür, wie wir den unterstützen können, der uns etwas abkaufen soll. Wenn Sie während der Wirtschaftskrise jemanden auf der Straße, in den Betrieben gefragt hätten: „Was halten Sie davon, wenn im Nachbarland die Banken krachen?", dann hätte die Österreicherin, der Österreicher wahrscheinlich gesagt: „Das wäre schlecht. Es ist wie ein Kartenhaus. Wenn die eine Bank kracht, wer weiß, ob nicht die Leute auch bei uns auf die Bank laufen und ihr Geld abheben wollen." Ich kann mich noch daran erinnern, wie meine Großmutter gesagt hat: „Da legt man doch das Geld lieber unter den Kopfpolster." Aber diese Zustimmung zum Dagegenhalten, die ich in der Wirtschaftskrise so positiv erlebt habe, war in der Sekunde weg, als das große Gewitter vorbei war. Scheinbar vorbei. Die Wolken, die sich am Horizont zusammenbrauen, das sind Arbeitslosigkeit, der Verlust von sozialem Zusammenhalt, der Verlust von demokratiepolitischer Akzeptanz dieses gemeinsamen Europas. Diese Wolken sind genau so dunkel wie die, die wegen der ungezügelten Finanzmärkte entstanden sind. Und es wäre ein Zynismus der Geschichte, wenn die politisch Verantwortlichen zwar den ersten richtigen Schritt, nämlich die Rettung der Banken und des Finanzsystems, geschafft hätten, aber dann gemeinsam abstürzen würden. Und das nur deswegen, weil sie nicht erkennen, dass die gleiche Begründung, wegen der sich alle einig waren, dass es uns sehr wohl etwas angeht, ob Griechenland und Portugal und Spanien aus dem Euroraum fallen, ob die Banken europaweit kollabieren, ob die Menschen in Warteschlangen vor zugesperrten Banken und pleite gegangenen Geschäften stehen, dass diese Begründung wieder gilt. Es geht uns nach wie vor alle an.

Österreich steht aber trotz finanzieller Engpässe besser da.
Schön, wenn es bei uns besser ist. Ich bin natürlich auch stolz darauf, dass Österreich besser dasteht als andere. Aber es wäre kurzsichtig zu glauben, dass man auf Dauer so Politik machen kann. Auch beim deutschen Nachbarn – und das ist natürlich die stärkste Wirtschaftsnation in der Europäischen Union – freuen sich viele sogar darüber, dass sie jetzt als Staat deshalb so geringe Zinsen zahlen, weil die anderen Länder mehr zahlen. Also so nach dem Motto: „Du kriegst mehr Sterne ins Hausaufgabenheft, weil der andere so schlecht ist." Das alleine kann es nicht sein. Und daher appelliere ich heute bei der Lösung des Problems Arbeitslosigkeit so stark an dasselbe solidarische Bewusstsein, das man hatte, als es darum gegangen ist, Banken zu retten. Jetzt geht es darum, Menschen zu retten. Man kann es auch anders sagen: Es geht darum, dass die Kaufkraft gestärkt wird und damit auch in anderen Ländern die Wirtschaft funktioniert.

Aber, weil Sie Zinsen ansprechen: Zinsen, da sind wir bei den Staatsanleihen, auch Österreich hat sehr geringe Zinsen, andere Staaten haben höhere. Gäbe es die sogenannten Eurobonds, würden wir ein bisschen höhere Zinsen zahlen, andere würden niedrigere Zinsen zahlen. Sie müssten aber den Österreichern erklären, ihr zahlt jetzt höhere Zinsen.

Nein, so würde ich es auch nicht machen. Um ein Schiff zu bauen, braucht es die Sehnsucht nach dem Meer. Das heißt, zuerst muss einmal das Bewusstsein entstehen. Wenn es nicht gemeinsam geht, überlebt diese Europäische Union nicht. Auch Österreich ist davon abhängig, dass es seine Produkte in Asien und auf anderen Kontinenten im Wettbewerb verkauft.

Aber Sie wissen schon, dass viele Österreicherinnen und Österreicher sagen: „Na ja, früher ist es ja auch gegangen. Und da haben wir nicht einzahlen müssen für ein Budget in Brüssel, wo wir nicht genau wissen wofür, und trotzdem ist es uns gut gegangen." Ich habe vor kurzem einen Leserbrief gesehen: „Mein Gott na, wenn es nur wieder so schön wäre wie in den 60er und 70er Jahren." Diese Sehnsucht, so scheint mir, ist bei vielen Österreichern größer als die nach dem gemeinsamen Europa.

Die Sehnsucht nach der Vergangenheit, zurückgehen zu wollen, das ist ja menschlich verständlich. Es ist ja oft auch richtig, stehenzubleiben und zu sagen, ich mache jetzt einmal einen Schritt zurück. Man muss nur wissen, dass die Internationalisierung der Wirtschaftsbeziehungen dazu geführt hat, dass lokale Entscheidungen nicht mehr gefällt werden können. Das funktioniert nicht. Das zeigt sich in der Wirtschaftskrise, bei den Finanzmärkten. Früher wurden österreichische Staatsanleihen mehrheitlich von Österreichern gehalten. Heute wissen wir gar nicht genau, wer unsere Staatsanleihen gerade hat, da gibt es ja nur Hochrechnungen, Schätzungen und Ableitungen. Aber wir können ziemlich sicher sein, dass zwei Drittel unserer Gläubiger irgendwo auf der Welt sitzen. Die Produktion, die Kommunikation, die Organisation, die Finanzmärkte, alles hat sich so stark internationalisiert, dass es unehrlich wäre zu sagen: „Wir können uns das im Burgenland, in Vorarlberg, in Wien, in Niederösterreich oder sonstwo alleine richten." Wer das behauptet, sagt den Leuten nicht die Wahrheit.

Ich möchte noch einmal konkret zur Finanzierung kommen, weil das ein wichtiger Punkt ist. Eurobonds, also gemeinsame Anleihen, werden weiter abgelehnt, oder?
Ja. Zum Begriff Eurobonds würde ich gern noch etwas sagen. Ich habe mich öfters gefragt, was passiert ist, dass wir zu Beginn der Diskussion in einer Gruppe waren, in der – über Parteigrenzen hinweg – gesagt worden ist: „Diesen Schritt müssen wir gehen." Auch die SPD, die damals in Opposition war, hat dafür gestimmt. Und seither sehen wir schon wieder einen Entsolidarisierungsprozess. Ich glaube, das liegt stark daran, dass viele glauben, es gäbe einen Plan B. Der Plan B wäre, jeder schafft es irgendwie selber und wurschtelt sich irgendwie durch. Das Schweizer Modell für alle. Ein bisschen dabei sein und doch nicht wirklich. Die Schweizer sind gar nicht so schlecht damit gefahren. Gut, wir lassen dieses Rosinenpicken auch zu. Aber: Für wie viele Staaten geht sich dieses Rosinenpicken aus? Geht sich das für Österreich, Deutschland, die Niederlande und Finnland aus? Ich glaube: Nein, es geht sich nicht aus.

Warum nicht?
Erstens finde ich Rosinenpicken nicht besonders fair. Weil einer dem anderen die Rosinen wegnimmt. Aber nehmen wir an, es sagt einer: „Jetzt schauen wir mal, dass es nur uns gut geht. Kümmern wir uns nicht zu viel um die anderen!" Ich denke, dass viele heutzutage glauben, dass dieses Rosinenpicker-Modell ein bisschen etwas mit Schlauheit zu tun hat. G'scheiter wegschauen, wie es dem anderen geht. Damit man selber besser über die Runden kommt. Aber dafür haben wir uns doch über Monate hinweg nicht zu Siebenundzwanzigst, dann zu Achtundzwanzigst getroffen und einen Schutzschirm für den Euroraum gebildet. Ich bin gefordert, das zu verteidigen. Aber wie Christian Broda einmal so schön gesagt hat: „Man soll nie weiter als einen Schritt vor der Bevölkerung sein."

Obwohl die Kommunisten, wo der frühere Justizminister Broda vor der SPÖ war, gerne die Avantgarde gespielt haben.
Ja, gut, aber der Christian Broda war dann schon sozialdemokratisch. *(lacht)*

Vielleicht war das ja seine Erfahrung als Kommunist, dass man nicht zu weit von den Menschen weg sein darf.
Man darf in der Demokratie nicht zu weit weg sein von den Menschen, sonst gewinnt man auch keine Wahlen. Aber seine Überzeugungen muss man trotzdem immer klar aussprechen.

Aber jetzt sind wir wieder beim Bewusstsein. Wie erklären Sie das den Österreichern? Wie werden Sie das Bewusstsein schaffen? Da sind Sie ja einer Meinung mit der ÖVP.
Ungefähr.

Wo ist der Konflikt mit der ÖVP?
Den Konflikt mit der ÖVP sehe ich nicht in diesem Punkt. Der besteht vielmehr im Bereich der Verteilungsgerechtigkeit, zum Beispiel bei der Millionärsabgabe. Grundsätzlich für diskussionswürdig halte ich aber auch – über alle Parteigrenzen hinweg –, dass viele Politiker, auch auf lokaler und regionaler Ebene, immer noch die Macht der Landtagswahl, also die Bedeutung von regionalen Entscheidungen, überbetonen.

Also der Konflikt ist nicht zwischen ÖVP und SPÖ, sondern eher zwischen Bundespolitik und lokaler Politik?
Zwischen Grundeinstellungen von Menschen. Nämlich zwischen jenen, die die Augen aufmachen und erkennen, dass solidarische Lösungen die einzige Antwort sind, und den anderen, die mit dem Wort solidarisch an sich schon ein Problem haben. Politik hat viel mit Psychologie zu tun. So wie auch im Sport gilt Teamgeist und Solidarität. Aber es gibt auch Sportarten, die basieren auf dem Ein-

zelkampf. Und daher ist die Frage, wer setzt sich durch: Jene politischen Strömungen, die ich natürlich stark in der Sozialdemokratie und bei den christlich-sozialen Menschen orte, oder jene, die für Ellbogenwirtschaft und Egoismus sind? Regionalpolitiker, nicht alle, aber viele, neigen natürlich sehr stark dazu, der Bevölkerung zu sagen: „Wähle mich, weil nur ich sorge für Arbeitsplätze."

Das klingt doch gut.
Mag sein, aber ich bin überzeugt, dass das schon vor zehn Jahren nicht so ganz gestimmt hat. Nach dem Krieg war das noch eher möglich. In 20 Jahren stimmt das überhaupt nicht mehr. Jetzt sind wir in einer Übergangsphase. Der Trend zu Regionalisierung hat etwas zu tun mit: „Näher dran am Bürger", mit Bürokratieabbau, mit mehr Verständnis für regionale Entwicklungen und so weiter. Da kann ich mit. Doch man wird keinem glauben, er könne wirklich in einem Bundesland, gegen Österreich und gegen Europa, Arbeitsplätze sichern. Er kann doch nur mithelfen, in seinem regionalen Rahmen Bedingungen zu schaffen, die vielleicht günstiger sind, aber er kann doch nicht wirklich eine Rezession verhindern, oder wirklich im Burgenland oder in Vorarlberg, auch nicht mit Unterstützung aller Vorarlberger, aller Burgenländer, sich von einer wirtschaftlichen Entwicklung entkoppeln.

Aber was können Regierungen tun?
Erstens, es muss eine gemeinsame Rechtsstaatlichkeit geben, eine Rule of law. Nur so kommt man zu gemeinsamen Haftungen und Garantien, sonst zimmert man Fässer ohne Boden. Es ist nicht zu akzeptieren, dass Länder Steuerbehörden haben, die diesen Namen nicht verdienen, es ist nicht zu akzeptieren, dass das Wort Ausschreibung in jedem Land anders verstanden wird. Wenn ich Mitgliedsländer besuche, in Betriebe gehe und dort die Menschen frage: „Wie geht es Ihnen?", höre ich oft als Antwort: „Nicht gut. Weil hier ist Willkür, dort ist Willkür."

EU-Standards durchsetzen

In EU-Ländern hören Sie das?
Ja, ich rede nur von Ländern der Europäischen Union und den unterschiedlichen Standards. Beitrittskandidaten sagt man ja auch, dass Rechtsstaatlichkeit Voraussetzung ist. Ich unterschätze das Thema deshalb nicht, weil ich ja von den Unternehmern immer wieder höre, warum sie wo investieren. Die erzählen so etwas wie: „Ich werde da jetzt sicher keinen Betrieb gründen, weil da muss man so genannte Maßnahmen setzen, um Bewilligungen zu bekommen. Weil wenn sie anfangen, mich zu ‚häkerln', dann ist mein Betrieb gleich ruiniert." Diese Hindernisse werden total unterschätzt. Viel zu oft ist die Korruption zu stark oder die Bürokratie zu überbordend.

Das heißt, da muss die EU viel besser aufpassen. Auch was die Durchgriffsrechte der Kommission und die Rechte des EuGH betrifft, nachschärfen?
Ja. Das wäre mir lieber als ein Bericht darüber, was die Griechen verkaufen sollen oder nicht. Diese Berichte der EU-Troika über Griechenland waren ohnehin sehr dürftig. Die EU hat sich höchstens unbeliebt gemacht. Die Griechen haben doch erkannt, dass das ja alles keine Lösung ist, was ihnen da vorgeschlagen wird. Das hat eher den Zorn gesteigert. Aber ich würde gerne einmal testen, ob wir die griechische Bevölkerung nicht doch überzeugen könnten, vielleicht indem die Europäische Union einmal einen anderen Bericht schreibt. Beispielsweise über die Frage der Steuerbehörden. Wieso agieren Steuerbehörden in ein und demselben Land völlig unterschiedlich? Warum erfüllen sie nicht einmal das, was im Gesetz steht?

Da sollen ja österreichische Beamte helfen.
Ja. Auch bei der Lehrlingsausbildung und der Facharbeiterausbil-

dung können wir helfen. Ich habe Unternehmer gefragt, warum sie aus Portugal weggegangen sind. Wegen der Krise? Haben sie Angst gehabt, dass sie aus der Eurozone fliegen? „Nein", haben sie gesagt, „da verlassen wir uns schon auf euch Regierungschefs. Nein, ich habe keine Facharbeiter bekommen. Da gibt es eben ein paar private Einrichtungen, die bilden jemanden kurzfristig aus, der macht einen Kurs für ein paar Wochen, der kommt dann zu mir als Facharbeiter. Und? Ich kann die Qualität nicht mehr produzieren, nicht mehr Just-in-time liefern, nicht mehr präzise sein. Das kann ich mir wirklich nicht leisten." Daher bin ich überzeugt davon, dass wir gerade in diesen beiden Bereichen, bei der Ausbildung und bei der Rechtsstaatlichkeit, gemeinsam akzeptierte europäische Normen brauchen.

Da fällt mir auch Ungarn ein.
Zum Beispiel. Ich denke aber insgesamt an Investitionen und konkrete Projekte, für die wir gemeinsam Garantien und Anleihen übernehmen, alles aber im Gegenzug für eine vorangetriebene Entwicklung für mehr Rechtsstaatlichkeit, für bessere Ausbildung. Und da könnte auch Deutschland mit. Weil das wären ja keine Eurobonds im Fass-ohne-Boden-Stil. Das wären etwa Garantien, die der ESM unter gewissen Bedingungen vergibt. Ich bin mir sicher, dass die ausgezeichneten Juristen, die einen ESM mit den EU-Verträgen in Einklang gebracht haben, auch für die von mir beschriebene Vorgangsweise einen gangbaren Weg finden würden. Jean-Claude Juncker geht ja auch schon ein bisschen in diese Richtung. Aber insgesamt fehlt noch der Drive.

Also wenn ich mir konkret die Zahlen anschaue: Deutschland hat eine Investitionslücke von 200 Milliarden Euro jährlich, und der Wirtschaftsforscher Fratzscher sagt, die Volkswirtschaft ist heute kleiner als im Jahr 2008. Also gibt es einen Aufholbedarf. Um diesen zu finanzieren, könnte man auf der einen Seite, bleiben wir im

staatlichen Bereich, Garantien geben, die rechtsstaatlich abgesichert sind. Darüber sollen sich jetzt einmal Fachleute Gedanken machen?
Absolut. Warum gibt es in Europa eigentlich so wenig Investitionen? Warum bekommen zum Beispiel so viele Betriebe in Griechenland kein Geld für Investmentprojekte? Warum ist das so? Das muss angegangen werden.

Steuerpolitik auf nationaler und auf EU-Ebene

Kommen wir zu den Steuern. Die Steuersätze in Europa sind ganz unterschiedlich. Und da sagt Sigmar Gabriel, einen einheitlichen Steuersatz wird man nicht zustande kriegen. Aber er spricht von einer gewissen Bandbreite, um so einen Steuerwettbewerb nach unten zu stoppen. Dadurch würden wir sehr viel mehr Geld in Europa haben. Auch da wieder die Frage: Das könnte die Politik ja, warum macht sie es nicht?
Natürlich haben Länder, die wirtschaftlich aufholen wollen, Betriebe und Unternehmen damit eingeladen, zu investieren und von niedrigen Steuersätzen zu profitieren. Aber diese Staaten sind damit auch im nächsten Problem drinnen: Sie nehmen zu wenig an Steuern ein, können als Staat zu wenig investieren und haben Pensionen von 300 Euro pro Monat. Wenn wir es schaffen, auch hier das solidarische Bewusstsein zu stärken, dann muss sich auch bei der Sichtweise auf einheitliche Bemessungsgrundlagen etwas verändern. Gegen Steuerdumping, genauso wie gegen Lohndumping, gegen Schwarzarbeitsmärkte, gegen Steuerbetrüger, gegen Steueroasen, dagegen kann man nur gemeinsam vorgehen. Und man braucht auch nicht hundert Prozent zu erreichen. In einem ersten Schritt reicht es ja schon, wenn man 10, 20 oder 30 Prozent dessen einhebt, was den Staaten zusteht. Zumal man von einer Billion Euro – geschätzt – ausgeht, die uns an Steuern entgeht.

Wenn jetzt Sigmar Gabriel da wäre, wäre er in einem Punkt, nämlich bei der Vermögenssteuer, anderer Meinung. Weil er meint, dass man Vermögenssteuern jedenfalls nicht bei Betrieben einheben dürfe, weil man Betriebe schädigen, Eigenkapital reduzieren würde. Und er meint, Vermögenssteuern würden Deutschland nicht retten.
Wenn ich mir die Steuern auf Vermögen ansehe, dann hat Deutschland 2,3 Prozent Steuern auf Vermögen, gemessen an den gesamten Abgaben.

Das konservativ geführte Großbritannien gar 11 Prozent.
Österreich hat mit 1,3 Prozent jedenfalls fast die geringsten Vermögenssteuern, der Unterschied zu Deutschland liegt bei einem Prozentpunkt. In unserem Steuerkonzept stehen bis zu zwei Milliarden, die wir vermögensbezogen zusätzlich erlösen wollen. Wenn ich davon ausgehe, ich setze hundert Prozent bei meinem Koalitionspartner durch, dann wären wir in der Nähe der deutschen 2,3 Prozent.

Das führt zur grundsätzlichen Frage: Sind Steuern geeignet, die Ungleichheit in der Gesellschaft auszugleichen, sollen sie das und können sie das überhaupt?
Die Einnahmen- und Ausgabenpolitik ist eine Verteilungsfrage. Was die Ausgaben betrifft, sind wir ein Land, das die Verteilungsgerechtigkeit sehr ernst nimmt. Also, da muss man das Licht nicht unter den Scheffel stellen, das sage ich auch für die Vorgängerregierungen. Wir haben ein Gesundheitssystem, in dem glücklicherweise eine notwendige Operation im Spital nicht davon abhängt, wie viel jemand eingezahlt hat oder nicht, man bekommt die Leistung.

Das sind die Ausgaben, und die Einnahmen?
Bei den Einnahmen stimmt es nicht. Bei den Einnahmen machen wir das, was leichter geht, mehr, und das, was schwerer geht, weni-

ger. Was geht leichter? Jemandem, der angestellt ist, dafür ein Gehalt bezieht, einfach Einkommens- oder Lohnsteuer abzuziehen. Was geht schwerer? Große Immobilienvermögen, die von teilweise irrsinnigen Wertsteigerungen leben, die dann verschenkt oder vererbt werden, sind draußen aus der Versteuerung. Das steuerlich zu erfassen, ist aufwändiger, stimmt. Und man muss für manche Betriebe Ausnahmen schaffen. Es gibt ja auch Ausnahmen für Bergbauern.

Vielleicht auch für die öffentliche Hand. Ein Teil des Grundvermögens ist ja zwischen der Stadt Wien und den Bundesforsten verteilt. Die werden wahrscheinlich auch Ausnahmen wollen.
Gut, ich meine weniger Grünland und Forste, hier sind die Wertsteigerungen selten so exorbitant. Wir wissen aber, dass das reichste Prozent in Österreich deshalb mehr als 400 Milliarden Euro besitzt, weil es über sehr große Immobilienvermögen verfügt. Aber stimmt, interessant ist, dass die reichsten Menschen dieser Welt auch sehr viel landwirtschaftlichen Besitz haben. Trotzdem wird mir hoffentlich niemand erzählen wollen, dass der Siegfried Wolf (ÖIAG-Aufsichtsratspräsident, Anm.) ein klassischer Bauer ist. Ich rede daher von Eigentümern großer, wertvoller Immobilienvermögen, und nicht von Bauern, die sich abrackern. Wer in der Wiener Innenstadt Häuser besitzt, dessen Vermögen ist in den vergangenen Jahren um ein x-Faches angestiegen. Selbst wenn man so gut verdient wie ein tüchtiger Chefredakteur, kann man das wahrscheinlich in zehn Jahren nicht so hinkriegen.

Da sind wir beim Generationenthema, oder? Weil man sich natürlich in den 50er, 60er Jahren mit normalem Einkommen eher Wohnungseigentum schaffen konnte, als man es heute kann. Da hat sich etwas verändert. Da tun sich heute junge Leute schwerer.
Das ist auch ein Generationenthema. Aber es hat sich doch in den vergangenen Jahren herausgestellt, dass öffentliche Investitionen

im städtischen Gebiet, aber auch im ländlichen Raum, dazu geführt haben, dass Stadtteile und Regionen sehr attraktiv geworden sind. Und auf dem Immobilienmarkt gilt: Lage, Lage, Lage. Und klar ist, dass diejenigen, die genau dort rechtzeitig investiert haben, die dafür Geld zur Verfügung hatten, viel mehr durch Wertsteigerungen lukriert haben, als ein Arbeiter, der sein Leben lang hart schuftet – und wenn er der Bestausgebildete ist. Die Großimmobilienbesitzer haben zwei Methoden, sich von der Steuer zu befreien. Erstens verteidigen sie das Modell unserer Grundsteuer. Wir haben deshalb die niedrigste Grundsteuer Europas, weil wir die Kleinen schützen wollen. Und schützen irrtümlich die Großen mit.

Man müsste die Grundsteuer also staffeln?
Darüber wird diskutiert. Der zweite Grund, warum wir da in der Vergangenheit wenig oder nichts gesehen haben, ist aber: Den Bäcker beispielsweise, der in dieser teuren Immobilie im Erdgeschoß seine Semmeln bäckt, der jeden Tag um zwei in der Früh aufstehen muss und dafür sorgt, dass die Leute um sechs Uhr ihr Frühstück bekommen, den besteuern wir voll. Der Eigentümer der Immobilie, der diese irgendwann einmal geerbt hat, zahlt weder Erbschafts- noch Grundsteuer. Dazu gibt es oft Konstruktionen, mit diversen Verlustverrechnungen und Ähnlichem. Kohorten von Steuerberatern verdienen gut daran. Dadurch mag ein Wirtschaftszweig gewachsen sein, aber der Staat hat nichts gesehen. Das ist ungerecht. Und bevor ich Sigmar Gabriel Ratschläge für Deutschland zum Thema Vermögenssteuern gebe, wozu ich hin und wieder schon neige, würde ich aber gerne in Österreich dort etwas nachholen, wo wir Nachholbedarf haben.

Wachstum und Beschäftigung schaffen

Kommen wir zum nächsten Thema, zur Industrie. Wenn wir mehr Wachstum wollen, und das brauchen wir, weil wir mehr Arbeitsplätze wollen, da brauchen wir eine höhere Industriequote. Bis zum Jahr 2020 soll diese wieder auf 20 Prozent steigen. Welche Industriezweige sind für Österreich realistisch?
Wenn man mit Industrievertretern spricht, dann hört man, dass sie mehr Cluster wollen, wo man kooperiert. Das gilt zum Beispiel für Biotech, für Materialforschung. Es geht um das Zusammenwirken von Lehre, Ausbildung, Forschung und Produktion.

Da müssen wir besser werden, was die Verschränkung Uni–Industrie betrifft?
Ja. Europa kann seine Standards nur halten, wenn wir innovativ sind und die Produkte auf den Markt bringen, und auch die Produkte selbst produzieren. Wenn wir irgendwann nur mehr dasselbe erfinden wie die Chinesen oder die Inder, aber höhere Löhne zahlen wollen, dann ist es klar, wie lange das gut gehen kann. Aber ich finde, das ist für jemanden, der gerne Bergsteigen geht, viel besser als für jemanden, der nur losrennt und keine Ahnung hat, wo er hinkommen will. Da ist man als Bergsteiger mit einem Ziel vor Augen schon mal vorne. Aber es gibt ein zweites Thema, das schwieriger anzugehen ist als dieses genannte, und zwar der Umweltbereich. Wo ich ein richtiges Problem sehe, ist also in der Umweltfrage. Wo ich ein richtiges Problem sehe, ist also in der Umweltfrage. Die wichtigen Anliegen der Umweltpolitik, wie z.B. der Klimaschutz, drohen gegen Wachstum und Beschäftigung ausgespielt zu werden. Ich bin der Meinung, wir brauchen beides – eine intakte Umwelt und gesicherte Arbeitsplätze.

Da klagt die Industrie, dass wir in Europa zu ehrgeizig sind.
Wenn wir die Industrie fördern wollen, müssen wir günstigere

Energiepreise erreichen. Wir sind als Europäer hier den Vereinigten Staaten gegenüber im Hintertreffen. Mir ist aber noch nicht klar, wie der Weg zu diesem Ziel aussieht. Da fehlt der europäische Plan. Wir sind uns einerseits einig, dass wir CO_2 reduzieren wollen. Andererseits wäre es verheerend, wenn wir CO_2 bei jener Industrie reduzieren wollten, die ihre Hausaufgaben gemacht hat und ordentlich produziert. Das ist ja ein aktuelles Thema. Wir brauchen Antworten auf die Fragen: Wie verhalten wir uns bei der nächsten Klimakonferenz? Wie verhalten wir uns bezüglich der kommenden Klimaziele? Es wäre global gesehen umweltpolitischer Unsinn, wenn Betriebe in ein Land wechseln, wo die Umweltgesetze weniger streng sind als bei uns, und dann weltweit mehr CO_2 produziert wird. Das ist also ein Teufelskreis.

Aber es gibt einen ganz aktuellen Appell der Sozialpartner, von ÖGB-Präsident Foglar und Wirtschaftskammerchef Leitl, die sagen, das Schlimmste wären jetzt neue Klimaziele, weil auch damit würden wir die Industrie vertreiben.

Es ist nicht so, dass wir insgesamt keine Klimaziele brauchen, sondern wir benötigen für diese Industrien, die saubere Technologie verwenden, Ausnahmen. Aber für mich ist es unumgänglich, neben Bildung, Forschung und den genannten Clustern, dass wir saubere Technologien begünstigen. Ich glaube aber nicht, dass wir beim LKW-Verkehr, bei der Wärmedämmung, auf bessere und schärfere Ziele verzichten können. Bei gemeinsamen verkehrspolitischen Zielsetzungen ist viel drinnen, in der CO_2-Reduktion aus Energieeinsparungen ist aus meiner Sicht das Meiste drinnen. Falsch wäre aber auch zu sagen, bevor nicht China oder Indien dies oder jenes machen, tun wir gar nichts mehr. Es geht um den ökologischen Fußabdruck, um den Energieverbrauch pro Kopf. Und da ist unserer und der der Amerikaner viel zu groß. Das ist ein Thema, das aus meiner Sicht bei internationalen Konferenzen oft viel zu kurz kommt. Es wird dann das Thema des Zuwachses in den Vordergrund gerückt, anstatt über die absolute Größe des ökologischen Fußabdrucks zu reden. Das habe ich leider schon oft genug erleben müssen.

Zukünftige Entwicklungen

Jetzt gibt es Ökonomen, die in die Zukunft schauen, wie Jeremy Rifkin. Der sieht ja zwei Entwicklungen: Die eine, sagt er, wenn wir bei der Energie bleiben, irgendwann wird jedes Haus ein eigenes Kraftwerk sein, wir müssen uns besser vernetzen, und die Digitalisierung bringt da ungeahnte Möglichkeiten. Das gibt es ja teilweise schon und das klingt ja nicht unrealistisch. Das Zweite: Er sagt, es wird die Ökonomie des Teilens stärker und es wird das Produzieren weniger wichtig, es wird die soziale Betreuung etc. wichtiger, ist das realistisch?

Buchautoren und Zukunftsforscher verwenden gern drastische Bilder, aber in diese Richtung geht es, eindeutig. Das Sammeln von Daten zu Konsumenten ist ein Industriezweig, der um vieles mehr Bedeutung bekommen hat als so manche Produktionsbranche. Das Verhältnis zwischen Konsument und Produzent hat sich stark verändert. Heute weiß der Produzent nicht nur, welche Produkte der Konsument gekauft hat – auf Basis einer Unmenge von Daten wird immer stärker versucht zu erkennen: Was wird der Konsument beim nächsten Mal kaufen? Und diese zielgruppengenaue Erfassung ist Basis neuer Wirtschaftszweige.

Aber es müssen ja noch Produkte verkauft werden. Und wenn jeder seinen 3D-Drucker zu Hause hat, wo er sich seinen Tisch, seinen Sessel und sein Auto selber ausdruckt, wo sind dann die Arbeitsplätze?

Also so schnell wird sich wohl nicht jeder sein Auto zu Hause ausdrucken können. Außerdem schaffen neue technische Möglichkeiten immer wieder neue Bedürfnisse. Meine Großmutter, die sehr bescheiden gelebt hat, hätte mich gefragt, wofür die Sachen, die man heute in einem Mittelschichts-Haushalt hat, eigentlich gebraucht werden. Gleichzeitig müssen wir erkennen, dass neue Technologien auch zu einem neuen Gap führen können. Zwischen jenen, die sich den Zugang leisten können, und jenen, die aus ökonomischen und anderen Gründen davon ausgeschlossen sind. Das gilt international genauso wie national. Und da gibt es auch Abstiegsängste. Das ist aber eine Herausforderung, denn in den letzten Jahrzehnten galt doch die Devise, dass es „den Kindern einmal besser gehen wird". Wenn nun das Gefühl aufkommt: „Wer weiß, ob es den Kindern einmal so gut geht wie uns?", dann ist das eine neue Aufgabe.

Sozialstaat und Europa

Die nächste Frage, die sich dann logisch aufdrängt, ist die Frage der Finanzierung des Sozialstaats. Denn der will ja finanziert werden. Und da habe ich das Zitat von Peer Steinbrück: „Der Sozialstaat heutigen Zuschnitts gerät auf Dauer sowohl in eine Leistungs- als auch in eine Legitimationskrise." Er begründet das natürlich damit, dass die Anzahl derer, die Ansprüche stellen, größer wird, dass die Ansprüche größer werden, dass man die Rente auch länger in Anspruch nimmt, also er sieht eine Finanzierungskrise und eine Legitimationskrise. Hat Steinbrück recht?

Peer Steinbrück hat recht. Es hat aber auch der frühere SPD-Kanzler Helmut Schmidt recht, wenn er sagt: „Der Sozialstaat ist das Vermögen des kleinen Mannes." Wahrscheinlich wird ein Dietrich Mateschitz weniger angewiesen sein auf öffentliche Spitäler, auf Pflegeeinrichtungen und Schulsysteme für seine Kinder. Aber selbst wenn jemand 3000 Euro, 4000 Euro netto im Monat verdient, wird er sich Spitals- und Pflegekosten nicht ausschließlich selber zahlen können. Aber in diesen Bereichen steigen, genau wie Steinbrück sagt, Bedürfnisse und Kosten. Die Frage ist: Was ist leistbar? Da bin ich wieder bei der Verteilungsfrage. Auf der ganzen Welt, in Europa wie auch in Österreich, ist in den Jahren zwischen 1950 und 1980 sowohl die Einkommenskonzentration als auch die Konzentration von Vermögen leicht gesunken und die Mittelschicht ist gewachsen. Derzeit wächst die reichste Schicht und die Mittelschicht wird schwächer. Das tritt in allen Untersuchungen zutage. Damit wird es zur politischen Verteilungsfrage. Das heißt, wenn man nicht mehr Einnahmen dafür zustande bringt, um etwa die Verteuerung der Behandlungen nach wissenschaftlichen Erfolgen in der Medizin zu finanzieren, dann geht das nicht. Sicher, wenn man in diesen Einrichtungen nicht effizient ist, geht es auch nicht. Das sind zwei Seiten derselben Medaille: sparen, effizienter werden und gleichzeitig auch die Einnahmen absichern.

Aber zum Stichwort der Legitimationskrise, da sagt er, diese Reichen, die zahlen ja alle ein. Aber es gibt viele, die zahlen nichts ein und bekommen etwas. Und es könnte sein, dass Leute aus dem Mittelstand sagen, ich zahle so viel ein, und andere zahlen gar nichts ein, und wir kriegen beide gleich viel. Oder ein anderer kriegt vielleicht mehr, weil er mehr braucht.

Das ist nicht die Legitimationskrise, die ich sehe. Wenn jemand gern 40 Stunden als Verkäuferin oder Kassiererin arbeiten würde, aber nur einen 30-Stunden-Job findet und dann zu wenig verdient, sehr wohl relativ hohe Sozialversicherungsbeiträge bezahlt, dann kann sie einfach keine zusätzlichen Steuern bezahlen. Jetzt zu sagen, man muss schauen, dass der Supermarkt mehr verdient, damit mehr Steuern hereinkommen und deswegen muss die Kassiererin in Zukunft mehr leisten, das geht nicht.

In skandinavischen Ländern ist das grundsätzlich anders. Also das skandinavische Modell sagt ja, dass soziale Systeme eher durch Steuern bezahlt und dadurch abgesichert sind. Ist das unser Weg?

Die Stärkung der Sozialsysteme wird für alle der Weg sein, weil hier Arbeitsplätze entstehen. Ich bin eher ein Freund von Leistungen als von Subjektzahlungen: Wenn man öffentliche Pflegeeinrichtungen mit guten Arbeitsplätzen für gut ausgebildete Menschen errichtet, wenn man sie effizient führt, ist mir das lieber, als Geld zu verteilen. Ich weiß, das ist nicht einfach. Das sehen wir zum Beispiel bei den Diskussionen rund ums Pflegegeld. Natürlich ist da der Wunsch des Einzelnen, dass sein individuelles Pflegegeld erhöht wird. Gleichzeitig gibt es den Wunsch, die mobilen Leistungen zu erhöhen. Denn ein höheres Pflegegeld hilft nichts, wenn es kein Leistungsangebot gibt. Es bringt also die Subjektzahlung wenig, wenn die Leistung nicht gefördert wird. Diesem Diskurs, diesem Interessenkonflikt muss man sich stellen. Gerade in einem Land wie Österreich, wo wir sehen: Die Subjektförderung ist im internationalen Vergleich sehr hoch, aber dennoch entspricht das Angebot nicht dem, was wir uns vorstellen.

Aber das Sozialsystem braucht mehr Treffsicherheit?
Jedes System braucht mehr Treffsicherheit, genauso wie Effizienz. Man darf aber nicht behaupten, alle sind Schmarotzer, alles ist eine Verschwendung. Tatsächlich gibt es aus meiner Sicht keine Einrichtung im öffentlichen Bereich, die feststellen kann, wir sind schon an der Effizienzoberkante. Mich sorgen immer Politiker, die verkünden, wir hätten schon genug gespart. Das ist so, wie wenn man bei einem Betriebsbesuch einem Unternehmer sagt, ihr habt schon sehr viel rationalisiert, entwickelt, technologisch eingesetzt, ich glaube, jetzt ist Schluss. Deshalb ist aus meiner Sicht sowohl die Effizienz als auch die Frage der Treffsicherheit zu überprüfen, immer wieder. Aber bitte ohne Gehässigkeiten und Fingerzeigen.

Wenn wir jetzt hier die europäische Dimension reinbringen: Juncker hat gesagt, er möchte den Sozialstaat ausbauen. Jetzt ist mir unklar, in welchen Bereichen und wer das bezahlen wird. Gibt es so etwas

wie eine gemeinsame europäische Sozialpolitik? Denn die Österreicherinnen und Österreicher sagen wahrscheinlich, dass sie das nicht wollen, weil sie glauben, dass unsere Sozialstandards höher sind. Wird auch im Sozialbereich angeglichen werden, ist das notwendig, wollen Sie das?
Nein, es wird so etwas wie Mindestlöhne in Europa durchaus geben können. Aber auch wieder nur Hand in Hand mit mehr Wettbewerbsfähigkeit, mehr Innovation, mehr Produktivität. Aber das drängendste Problem, das aus meiner Sicht völlig unterschätzt wird, ist die soziale Verantwortung, die verloren geht, vor allem durch die hohe Arbeitslosigkeit. Und jetzt ausschließlich zu sagen, wir erhöhen die Arbeitslosenzahlungen, wäre ein Teufelskreis. Das drängendste Problem ist, dass wir Arbeit für die Menschen schaffen.

Eine europäische Arbeitslosenversicherung, wäre die sinnvoll?
Sie gehört auch zu den sozialen Standards, die richtig sind. Aber die Frage ist: Wie baut man die auf, wer zahlt da ein, wie lange dauert das …? Ich habe bei den Banken dafür gestimmt, dass wir eine Versicherung aufbauen. Damit nicht immer die Steuerzahler zahlen. Aber wenn man ehrlich ist: Der Aufbau dauert Jahrzehnte. Das wäre so, wie wenn man kurz nach einer Katastrophe eine neue Versicherung gründet. Bis die das Volumen hat, in Schadensfällen einzugreifen, dauert das seine Zeit.

EU-Migrationspolitik

Und da komme ich zum nächsten Punkt, wo es diese europäische Solidarität gar nicht gibt, das ist das Asylwesen. Wenn man weiß, dass sehr, sehr viele Asylwerber über Italien nach Europa kommen und Italien aber nur ganz wenige betreut, weil man sie gleich weiterreisen lässt, vielleicht sogar Autobusse organisiert, damit sie nach Öster-

reich und Deutschland weiterfahren, dann sieht man, es funktioniert nicht. Das kann doch nur funktionieren über europäische Behörden, die die Asylwerber aufnehmen und dann für eine möglichst sinnvolle Verteilung sorgen, aber auch für eine Entscheidung – wer darf bleiben, wer nicht? Ist das für die nahe Zukunft halbwegs realistisch, dass es da europäische Behörden gibt?
Es beginnt beim Grenzschutz, bei der Frage: Wie bekämpfen wir die Schlepperkriminalität? Dann kommt die Frage: Wo sind die Erstaufnahmezentren? Das Dublin-Abkommen ist ja eine gute Idee, mit dem Prinzip, wo ein Flüchtling zuerst ankommt, dort läuft auch das Antragsverfahren. Am besten wäre, wenn 28 Länder miteinander den Grenzschutz, miteinander die Erstaufnahmezentren und miteinander die Betreuung betreiben. Aber davon sind wir meilenweit entfernt. Wenn bei 28 Beteiligten immer nur die mitmachen, die sich gerade einen Vorteil erwarten, wird insgesamt wenig Verbesserung zustande kommen. Um da noch einmal das Wort Solidarität zu strapazieren: Diese einseitigen Vorteile, die haben die anderen auch durchschaut. Premierministerinnen und Premierminister, die nicht durchschauen, wo ein Vorteil liegt und wo nicht, die werden in der Regel abgewählt.

Das ist bei uns in den Ländern ja auch nicht anders, und Politiker wollen eben wiedergewählt werden.
Eine Zeit lang haben manche Landeshauptleute gerne betont, ihr Land sei innerösterreichischer „Nettozahler“. Es ist aber nicht die Hauptfrage, welches Bundesland ein Nettozahler ist und welches nicht. Die Frage ist vielmehr: Wie steht es um Österreich? Welche Chancen hat unser Land? Genauso ist klar: Haben die Leute in Europa einen ordentlichen Lebensstandard, dann haben wir den auch in Österreich. Und nicht: Wer ist Nettozahler, wer Nettoempfänger. Wie rechnen wir das überhaupt aus? Sind da die Exporte dabei und die geringen Zinsen, oder gelten da nur Einzahlungen in irgendeinen Topf?

Wie eigenartig das ist, dass sogar in Österreich – vielleicht in schwierigeren Zeiten – ein Bundesländernationalismus beginnt. Da darf man sich nicht wundern, wenn es in Europa einen steigenden Nationalismus gibt.
Es gibt immer die zwei Möglichkeiten: Entweder zurückschauen, einigeln, Mauer bauen, Rosinen picken. Oder: nach vorne schauen, Pläne schmieden und auf solidarische Gemeinsamkeit setzen.

Nicht nur solidarisch, sondern auch sinnvoll. Zum Beispiel Einwanderungspolitik.
Ich finde solidarisch sehr sinnvoll.

Reden wir von einer solidarischen und sinnvollen Einwanderungspolitik. Was natürlich schon heißen muss, dass Europa schaut, dass es Leute gibt, die auf der Suche nach einem besseren Leben sind, und dass eben ausgewählt werden muss. Brauchen wir nicht als Europa eine gemeinsame Einwanderungspolitik?
Es wäre noch besser, wenn wir überhaupt als Europäer gemeinsam dafür sorgen, dass es zuerst einmal viele Menschen gar nicht notwendig haben zu flüchten; dann, dass man den Schleppern und der Kriminalität das Handwerk legt, und dass man schließlich die Fragen der Qualifizierungen und der Integration berücksichtigt.

EU-Außen- und Sicherheitspolitik

Aber das Flüchtlingsthema, sagen Sie, müsste auch in den betroffenen Ländern geklärt werden. Da sind wir im Nahen Osten. Der Nahe Osten war Einflussbereich der Amerikaner, man kann voraussehen, dass sich die Amerikaner eher zurückziehen werden. Mal sehen, wer der nächste Präsident wird. Wir sind jedenfalls sehr stark betroffen und der Nahe Osten muss neu geordnet werden. Muss Europa viel-

leicht sogar ordnend eingreifen? Das heißt, das könnte ja nur ein politisch geeintes Europa sein.
Barack Obama hat seine Amtszeit damit begonnen, dass er gesagt hat, er will ordnend eingreifen. Es gibt viele unschuldige Opfer in der Zivilbevölkerung auf allen Seiten. Trotzdem besteht die Frage, wie bedroht Israel von Ländern wie dem Iran und anderen terroristischen Gruppierungen ist. Wenn man gewisse Bilder sieht …

Dazu kommt ja die Frage, wie sehr brauchen wir den Iran, um wieder Ordnung im Nahen Osten zu bekommen? Das macht es ja noch komplizierter.
Eben! Man sieht ja jetzt, wie schnell das geht, dass eine Gruppierung wie der IS, die sich ja nicht aus dem Nichts gebildet hat, zu einem Bedrohungsszenario wird. In dieser Situation ist ein geeintes Europa natürlich stärker als ein Europa, das ein Fleckerlteppich ist. Wir tun gut daran, die gemäßigten Menschen islamischen Glaubens massiv dabei zu unterstützen, selbst Terrorismus zu bekämpfen, und für das friedliche Zusammenleben im Nahen Osten einzutreten. Der Arabische Frühling hat gezeigt, wie sensibel und wie fragil die Situation ist. Ein Punkt, der besonders wichtig ist: Wie halten wir es dabei mit den Vereinigten Staaten?

Wir haben die EU, und wir haben die NATO. Und da kommt es zu Überschneidungen, möglicherweise aber auch zu Gegensätzen.
Ja, da kommt es zu Gegensätzen. Wie auch in der Frage des EU-USA-Freihandelsabkommens (TTIP). Die Sorge vieler Menschen in Europa ist nicht, dass sich da manche Gruppierungen ein Freihandelsabkommen zunutze machen wollen, sondern es geht vielmehr um unsere Standards im Sozial- und Umweltbereich, die durch ein derartiges Abkommen gesenkt werden könnten. Die Sorge, inwieweit jemand das Recht bekommen soll, gesetzliche Bestimmungen und gemeinsame Rahmenbedingungen mittels internationaler Schlichtungsstellen auszuhebeln oder nicht, ist be-

rechtigt. Das ist auch deshalb so aktuell geworden, weil die richtige Entscheidung, die Atomkraftwerke in Deutschland herunterzufahren, auch zu Klagen geführt hat. Deshalb ist mein Standpunkt ganz klar: Ich bin gegen Schiedsgerichte.

Aber sollten nicht gerade die TTIP-Gegner darauf kommen, dass man erst recht ein einiges Europa braucht, ein starkes Europa, um sich zu wehren, und dass das kleine Österreich keine Chance hätte?
Absolut. Ein weiterer Beweis für ein gemeinsames Europa.

Was nicht alle TTIP-Gegner sehen.
Ich bin überzeugt, dass viele auch da wieder auf Rosinenpicken setzen. Aber das ist verkehrt. Ganz ohne Freihandel und ohne Partnerschaften auf Augenhöhe wird es auch nicht gehen. Die Vereinigten Staaten sind ein wichtiger Handelspartner für uns, das ist unbestritten. Und das wird auch weiterhin so sein, denn wir können uns wirtschaftlich nicht ausschließlich auf jene Länder konzentrieren, in denen ein autoritäres System über Investitionen, über Betriebe oder das Arbeitsrecht entscheidet. Mit diesen Ländern sind wir natürlich weiter auseinander als mit den Vereinigten Staaten. Bei Handelsabkommen und auch beim Freihandelsabkommen mit den USA geht es um die Frage, zu welchen Bedingungen diese geschlossen werden. Und da bin ich auf Seiten derer, die verlangen, ein starkes Europa muss auf Augenhöhe verhandeln. Aber alles, was ich bisher gesehen und erlebt habe, geht in die andere Richtung. Da ist irgendwer auf die schlaue Idee gekommen, die niedrigsten Standards von beiden helfen allen. Aber wem genau soll das helfen? Nur denen, die für die Umwelt und für das Soziale wenig übrig haben. Also den Falschen.

Wir haben über Russland gesprochen: Gerade gegenüber Russland, gerade gegenüber dem Nahen Osten brauchen wir ein starkes Europa. Warum sind dann auch andere Politiker in Europa nicht ent-

schlossen genug, um da etwas gemeinsam zu machen? Wir verlassen uns zum Teil auch ganz gern auf die Amerikaner, weil die haben eh oft auch unsere Probleme gelöst.
Ja, weil Geiz, Gier, Ellbogentechnik, Egoismus oft eine stärkere Lobby haben als das logische, solidarische Argument.

Es gibt noch immer zu viele Europäer, die glauben, für meine Nation kann ich im Zweifel mehr herausholen, wenn ich es allein mache, als wenn ich es gemeinsam mit Europa mache. Das ist offenbar das Grundthema, das eher stärker wird.
Die Menschen haben Ängste und Sorgen, wie es weitergeht. Deswegen entwickeln manche Feindbilder in Richtung Nachbarn, obwohl der gar kein Feind ist. Das hat mehr mit Psychologie zu tun als mit Zahlen und Statistiken. Jemand, der Angst hat vor dem Ausland, vor dem Fremden, jemand, der ernsthafte Daseinssorgen hat, den überzeuge ich nicht mit einer Statistik über Handelsströme. Den überzeuge ich am besten, indem ich ihm sage: „Schau, wenn wir diese Verengung, diese Verschrebergärtnerung, wenn wir die auf die Spitze treiben, was kommt dann auf uns zu? Hohe Mauern, die uns verteidigen? Wovon leben wir dann innerhalb dieser Mauern? Wenn wir niemanden zum Handeln haben? Stellen wir rundherum Soldaten auf? Willst du, dass deine Kinder, Enkelkinder zwischen solchen Mauern in Europa aufwachsen? Oder träumst du nicht auch von einem anderen Europa?" Ja, das zu erreichen wird verdammt schwer, wir werden noch viele Rückschläge erleiden. Aber ich glaube, dass viele an die nächsten Generationen denken und sagen: „Nein, in der Verantwortung möchte ich, dass statt Mauern ein solidarisches Europa aufgebaut wird." Derartige Bilder müssen in die Herzen, in die Köpfe und müssen Bauchgefühle auslösen. Nur mit Exportstatistiken wird es nicht gehen.

Europäische Werte

Aber jetzt müssen wir doch noch über Werte reden. Sie haben zu den aktuellen Vorfällen in der Ukraine viel über Freiheit gesprochen. Das ist ein Wert der europäischen Gemeinschaft, neben Solidarität und anderen auch, und das sagt auch Joschka Fischer in seinem Buch. Er meint, dass Putin ein eurasisches Reich will, und er argumentiert, dass Putin dieses Reich gegen den vermeintlich dekadenten Westen aufbauen will. Und jetzt wäre es umso mehr unsere Aufgabe zu sagen: Nein, wir sind nicht dekadent, sondern wir glauben an Freiheit und an Gleichheit, wir glauben auch daran, dass sexuelle Orientierung nie zu Diskriminierung führen darf. Aber das ist ja für Putin schon dekadent, Homosexualität ist für ihn dekadent – als ob es die in Russland nicht gäbe. Und daran sehen wir, dass wir schon sehr unterschiedliche Werte haben. Darüber reden wir zu wenig.
Ja. Wir sind unabhängig von unseren Handelsbeziehungen – auch eine Wertegemeinschaft, die Freiheit, Souveränität und Integrität ernst nimmt. Aber wenn eine Wertegemeinschaft damit beginnt, die Souveränität eines Landes den Handelsbeziehungen zu opfern, dann verarmt sie.

Aber die Russen brauchen unsere Technologie, um ihre Rohstoffe aus der Erde zu bekommen. Auch eine Wahrheit.
Ja, wir haben natürlich enge Handelsbeziehungen mit Russland.
Ich habe mich sehr dagegen gewehrt, Russland auszugrenzen und ein Weltbild zu unterstützen, wonach nur die NATO recht hätte und es am besten wäre, sie macht viele Manöver, dann wird sich der Konflikt schon lösen. Davon halte ich gar nichts. Russland ist ein entscheidender Partner für die Lösung in dieser Region. Aber gerade von einem Partner muss man verlangen, dass er Souveränitätsrechte und territoriale Integrität ernst nimmt. Wenn man diese Regel missachtet, wo wäre das Ende? Bei welcher Grenze? Bei unserer? Oder bei der Slowakei? In den baltischen Ländern,

wo es auch russische Minderheiten gibt wie in der Ostukraine? Ich finde, das muss man etwas mehr in den Vordergrund stellen. Aber die Russen einfach zu Feinden abstempeln, das kann es auch nicht sein. Wir sind in dieser Region so wie auch am Westbalkan traditionell stark verankert, historisch und politisch, wir verstehen einander. Gerade deswegen sind wir verpflichtet, daran zu erinnern, dass man mit der Demokratie, oder mit den Rechten von Minderheiten wie Homosexuellen, ebenso wie mit der Souveränität von anderen Ländern sorgsam umgeht und diese auch achtet. Und daher habe ich versucht, in dem Konflikt zu vermitteln. Es muss alles daran gesetzt werden, Krieg zu verhindern.

Die neue EU-Kommission

Zum Schluss eine Frage zur neuen Kommission. Die Rechte des Parlaments wurden gewahrt, die Kommissare mussten sich einem Hearing stellen, was ich ja auch gut finde. Aber was können wir als Österreicher von der Kommission erwarten? Ich glaube, dass viele von der letzten enttäuscht waren, da ist einerseits zu wenig weitergegangen, andererseits hat die Kommission Regelungen verfügt, die unverständlich waren. Was wird in fünf Jahren besser sein? Ist Österreich in fünf Jahren europäischer, dank dieser Kommission?

Also wenn es mit Jean-Claude Juncker gelingt, uns aus dieser Krise herauszuinvestieren und gerade in internationalen Fragen stärker das gemeinsame Europa hervorzubringen, dann habe ich eigentlich um die nächsten Europawahlen keine Sorge. Weder was die Beteiligung noch was die Nationalisten betrifft. Wenn wir aber an der eigenen Feigheit scheitern und die Sache zu wenig dringlich nehmen, dann kann ich mir nicht vorstellen, dass es irgendeinen Zauberer gibt, der Kommissionspräsident heißt und der den fehlenden Mut der Regierungen ausgleichen kann. Ich bin bei diesen Sitzungen ja seit sechs Jahren dabei – Sie wissen, nur Angela

Merkel und ich sind bei den jeweiligen Wahlen wieder Erste geworden und noch immer Regierungschefs.

Da sieht man, wie schwer sich Regierungschefs tun, in diesem Europa wiedergewählt zu werden.

Und in dieser Krise nicht als Blitzableiter zu dienen. Und ich glaube, das ist uns gelungen. Aber es gelingt weder Angela Merkel noch mir noch einmal, wenn wir jetzt Jean-Claude Juncker bei seiner Arbeit nicht voll unterstützen. Ich glaube, dass weder die Österreicher noch die Deutschen Verständnis dafür haben würden, wenn wir ihnen fünf Jahre lang erklären, dass in Europa gar nichts weitergeht. Wir sind zum Erfolg verpflichtet. Das ist schnell gesagt, aber hart getan. Jean-Claude Juncker ist jedenfalls einer, der in die richtige Richtung geht. Bisher hat man bei der Kommission ein wenig den Eindruck – was mich persönlich trifft –, dass José Manuel Barroso stärker begonnen hat. Für mich war er durchaus ein Politiker, der in den Sitzungen immer wieder seine Themen und Vorstellungen artikuliert und uns den Spiegel vor Augen gehalten hat. Ich finde, er hat das gebracht, was eigentlich einen Kommissionspräsidenten ausmacht. Und irgendwann war da plötzlich nicht mehr viel. Eigentlich schade! Und das zeigt ja, dass Jean-Claude Juncker diesen Mut und diese Unterstützung der Regierungen braucht, etwa bei seinem 300-Milliarden-Euro-Investitionspaket. Wenn wir überzeugt sind, es ist dringlich, dann müssen wir auch den Mut haben. Oder wir stecken den Kopf in den Sand. Halten die Augen zu und sind nicht da. Dann werden aber die Nationalisten in Europa die Mehrheit bekommen. Zuletzt wurden noch in vielen Ländern die Konservativen abgewählt und die Sozialdemokraten gewählt. Ich erinnere mich an eine Sitzung der Regierungschefs der Eurozone, da war ich der einzige Sozialdemokrat. Die Kollegen haben gesagt: „der letzte Mohikaner“. Darauf habe ich geantwortet, das werden wir noch sehen, wie die nächsten Wahlen ausgehen. Ich wusste ja nicht, wie recht ich damit behalten würde. Irgendwann aber wählen sie nur mehr einen Extremen und schauen, ob es der kann. Und darauf dürfen wir nicht warten. Wir dürfen nicht zusehen, bis diese Brücken der Länder Europas von Nationalisten zerschlagen werden.

Es gab in den 80er Jahren immerhin das Stichwort von der Eurosklerose, und dann kam der Franzose Jacques Delors als erfolgreicher Kommissionspräsident. Das heißt, Juncker muss Delors werden, mit Delors ist auch institutionell viel weitergegangen.

Kurz nach der Einführung des Euro hatten fast alle Länder den Vorteil, sich billiger als je zuvor finanzieren zu können. Weil ihre Staatsanleihen plötzlich so niedrig verzinst werden mussten. Ein Paradies für alle. Was kann einem Politiker mit Regierungsverantwortung Besseres passieren? Wenn ein Journalist fragt: „Was haben Sie heute in der Regierung beschlossen?“, kann er antworten: „Mehr für diese Gruppe!“ Nächste Regierungssitzung, gleiche Frage: „Mehr für jene Gruppe.“ Auf die Nachfrage: „Warum war es eigentlich nicht noch mehr?“, kann man antworten: „Gedulden Sie sich ein bisschen, warten Sie nur auf die nächste Regierungssitzung!“ Dieses Politikerleben gibt es nicht mehr. Der Vorteil ist verkonsumiert. Und jetzt kommt Jean-Claude Juncker in eine Situation, in der er erklären muss, dass man das Nord-Süd-Gefälle mit Rechtsstaatlichkeit beheben muss, weil sonst können wir nicht für gemeinsame Investitionsprogramme, für Ausnahmen aus den Maastricht-Vorgaben nach der goldenen Regel garantieren. Das heißt, Jean-Claude Juncker hat als Kommissionspräsident eine viel härtere Zeit erwischt und muss sich da bewähren. Und deshalb braucht er uns. Und wir brauchen ihn.

Danke!

Der Schock 2008 und die Reaktion der Europäischen Union auf die Krise

Die Fernseh-Bilder, die Mitte September 2008 um die Welt gehen, lassen die Dramatik erahnen: Hals über Kopf müssen die Finanzjongleure der US-Investmentbank Lehman Brothers ihre Büros in der New Yorker Firmenzentrale räumen. Ein Pappkarton mit persönlichen Habseligkeiten – viel mehr bleibt den Mitarbeitern nicht, als die Bank am 15. September 2008 zusammenbricht. Das Traditionshaus hat zwar den amerikanischen Bürgerkrieg, zwei Weltkriege und zahlreiche Börsenabstürze überlebt, doch mit riskanten Finanzwetten auf den US-Immobilienmarkt schaufelt sich der Wall-Street-Gigant das eigene Grab.

Der Lehman-Zusammenbruch markiert den Beginn der weltweiten Finanzkrise. „Plötzlich sahen wir uns der realen Gefahr einer wirtschaftlichen Katastrophe gegenüber", schrieb Wirtschaftsnobelpreisträger Paul Krugman im September 2013, also fünf Jahre nach der Pleite von Lehman Brothers, in seiner Kolumne in der *New York Times*. Dass es nicht zum Äußersten kommt, ist den Steuerzahlern zu verdanken, die mit ihrem Geld das aus den Fugen geratene Finanzsystem in Form von Hilfspaketen für die Banken und Konjunkturprogrammen für die Wirtschaft stützen.

Vor dem Zusammenbruch des Investmenthauses Lehman Brothers wurden in den USA jahrelang Hypothekenkredite an Bauherren mit geringer Kreditwürdigkeit vergeben, so genannte Subprime-Kredite. Diese Darlehen wurden oft von Kreditgebern in hochkomplexen Finanzpaketen gebündelt und weiterverkauft. Obwohl diese Subprimes von vielen Ratingagenturen lange Höchstnoten bekommen, entpuppen sie sich im Verlauf der Krise als minder-

wertig bis wertlos. Ab 2007 häufen sich in den USA die Zahlungsausfälle, denn die US-Zinsen steigen, aber die Immobilienpreise sinken. Baufinanzierer und Banken geraten in Turbulenzen. Daraus resultiert eine Vertrauenskrise unter Banken, die sich gegenseitig kein Geld mehr leihen – mit verheerenden Folgen.
Schlag auf Schlag geraten Finanzhäuser weltweit an den Rand des Abgrunds – oder brechen zusammen. US-Hypothekenfinanzierer wie Fannie Mae und Freddie Mac und der Versicherungsriese AIG werden vom Staat gerettet. Lehman jedoch nicht. Unter der Führung der Bank of America wollen zwar mehrere US-Banken Lehman kaufen, jedoch nur, wenn sie der Staat dabei unterstützt. Doch der US-amerikanische Finanzminister Henry Paulson lehnt ab. Ohne staatliche Unterstützung wollen aber auch die anderen Banken nicht kaufen, Lehman wird fallen gelassen. Mit dieser Entscheidung, die die US-Regierung gemeinsam mit der US-Notenbank Federal Reserve (Fed) und der Börsenaufsicht SEC trifft, wird ein ungeschriebenes Gesetz gebrochen und erstmals eine systemrelevante Großbank, von der man glaubte, sie sei „too big to fail" (zu groß, um zu scheitern), in den Bankrott geschickt. Nun steht die Drohung im Raum, dass anderen Systembanken in der Welt Ähnliches blühen könnte.

EU-Staaten retten Banken und legen milliardenschwere Konjunkturpakete auf

Für kurze Zeit sind europäische Politiker davon überzeugt, das Problem sei begrenzt, die Europäische Union davon nicht betroffen. Die EU-Finanzminister haben Mitte September 2008 noch keine Eile zu handeln, sie halten den Zusammenbruch von Lehman Brothers für ein rein amerikanisches Problem. Diese Sichtweise ändert sich sehr rasch. Ende September wachen die 27 EU-Regierungen auf. „Lehman darf es in Europa nicht geben", lautet

ihre Devise. Die großen EU-Staaten Deutschland, Frankreich, Großbritannien und Italien einigen sich darauf, keine europäische Bank fallen zu lassen.
In Deutschland kann die Hypo Real Estate nur mit einem 50-Milliarden-Euro-Hilfspaket von Banken und Regierung gerettet werden. Überall in Europa springt der Staat den Banken zur Seite. Die britische Regierung verstaatlicht teilweise acht Banken. Die Bilanzen einiger amerikanischer und europäischer Finanzhäuser weisen gigantische Verluste auf. Die Konjunkturaussichten trüben sich ein, erstmals seit der Ölkrise in den 1970er Jahren rutscht die Wirtschaft der 30 wichtigsten Industriestaaten zeitgleich in eine Rezession. Die Prognosen der OECD sind überaus vorsichtig, sie hoffen, dass das Gröbste aus der Finanzkrise bald überstanden sei. Aber die OECD verschweigt nicht: Es könnte alles noch schlimmer kommen.
Um den massiven Folgen der Krise entgegenzusteuern, legen viele Länder gigantische Konjunkturpakete auf, um Millionen Arbeitsplätze zu sichern. In den USA etwa wird im Herbst 2008 sofort ein 700 Milliarden Dollar (559 Milliarden Euro) schweres Rettungspaket auf den Weg gebracht. In Deutschland hilft ein 500-Milliarden-Euro-Fonds der Regierung der Finanzbranche. Österreich reagiert schnell und schnürt sofort ein 100 Milliarden Euro schweres Banken-Hilfspaket. Viele andere EU-Länder folgen. Sowohl die Regierung in Berlin als auch die in Wien versprechen für alle Spareinlagen eine Staatsgarantie.

EU-Kommission lobt Österreich für beste Konjunkturpakte

Insgesamt hat Österreich in den Jahren 2009 und 2010 rund zwölf Milliarden Euro für Konjunkturmaßnahmen aufgewendet, konkret für zwei Konjunkturpakete, für eine Steuerreform (ein fiskalpolitischer Mix aus Steuersenkungen und Ausgabenerhöhungen) sowie für Maßnahmen der Bundesländer.[3] Laut EU-Kommission hat Österreich mit jeweils 1,8 Prozent des Bruttoinlandsproduktes (BIP) 2009 und 2010 die größten und effizientesten Konjunkturpakete der europäischen Länder beschlossen.[4]

In Wien muss die angeschlagene Constantia Privatbank aufgefangen werden, im November 2008 wird die Kommunalkredit notverstaatlicht, im Dezember erhält die Kärntner Hypo Alpe Adria Group als erste österreichische Bank Staatshilfe in Form von 900 Millionen Euro.

Einzelne Länder kommen bereits 2008 massiv unter Druck – Island, Ungarn, Lettland, Rumänien, Serbien und die Ukraine geraten infolge der Finanzmarktkrise ins Trudeln und sind auf Hilfe des Internationalen Währungsfonds angewiesen. Island ist im Oktober 2008 der erste Staat, der am Rand des Zusammenbruchs steht. Die Isländische Krone verliert dramatisch an Wert. Die drei größten Banken gehen bankrott und werden vom Staat übernommen.

Die EU-Staaten gemeinsam stellen in den Jahren 2008 bis einschließlich 2011 den Banken fast 3,2 Billionen Euro (3200 Milliarden Euro) zur Verfügung, vor allem in Form von Garantien und Eigenkapital. Ob die Rettung immer der Königsweg war, führt noch heute zu kontroversiellen Diskussionen unter Ökonomen und Politikern.

Trotz Banken- und Konjunkturpaketen verbessert sich die Lage nicht, europäische Staaten verschulden sich immer mehr, aus der Finanz- und Wirtschaftskrise wird in der Europäischen Union eine Schuldenkrise.

Griechische Tragödie

Griechenland wird zum kompliziertesten und risikoreichsten Fall in der EU. Die Rettung Griechenlands beherrscht die europäische

Agenda seit Jahren. Rating-Agenturen spekulieren auf einen Bankrott Griechenlands – und in der Folge auf den Zusammenbruch der Währungsunion. Die Regierung in Athen wird von internationalen Hilfsprogrammen gestützt, um eine Staatspleite abzuwenden. Seit Mai 2010 ist Griechenland von EU, Internationalem Währungsfonds (IWF) und Europäischer Zentralbank (EZB) abhängig. Dafür musste Athen harte Spar- und Reformauflagen akzeptieren, die Massenproteste, enorm hohe Arbeitslosenraten, vor allem unter Jugendlichen (siehe dazu die Statistiken im Anhang Seite 170f.), zunehmende Armut in der Bevölkerung sowie eine Misere im Sozial- und Gesundheitsbereich auslösten. Die Folgen sind noch lange nicht überwunden.
Bisher bekam Athen Hilfspakete im Volumen von rund 240 Milliarden Euro, Ende 2014 sollen diese Hilfspakete auslaufen. Das ist bis jetzt der höchste Gesamtbetrag für ein Euro-Land. Im Mai 2010 wurde das erste Hilfsprogramm für Athen vereinbart, es handelte sich dabei um bilaterale Kredite der Euro-Partner in Höhe von 73 Milliarden Euro.
Als einziges Land der Eurozone wurde für Griechenland ein Schuldenschnitt beschlossen. Die Euro-Staaten einigten sich mit privaten Gläubigern, die mehr als die Hälfte ihrer Forderungen abschreiben mussten. Der Schuldenschnitt vom März 2012 verringert den Schuldenberg Griechenlands auf einen Schlag um 100 Milliarden Euro. Die Euro-Finanzminister geben daraufhin einen Teil eines zweiten, rund 130 Milliarden Euro schweren Rettungspaketes frei. Die Hilfen für das zweite Rettungspaket kommen aus dem gemeinsamen Euro-Rettungsschirm EFSF (Europäische Finanzstabilisierungsfazilität).
Als Gegenleistung muss sich Griechenland zu einem umfassenden Spar- und Reformpaket verpflichten. Die Vorgaben der EU sind strikt: Bis 2015 müssen 150.000 öffentliche Stellen abgebaut werden, Kürzungen der Gehälter, der Pensionen und der Sozialleistungen sind verpflichtend, Steuerprivilegien müssen gestri-

chen werden und die Privatisierung zahlreicher Staatsbetriebe ist vorgeschrieben. Ein Gremium, bestehend aus Vertretern der Europäischen Zentralbank, des Internationalen Währungsfonds und der EU-Kommission – kurz Troika genannt – kontrolliert die Umsetzung der Spar- und Reformvorgaben und entscheidet über die Auszahlung von Kredittranchen. Kein Wunder, dass die griechische Bevölkerung der Troika misstrauisch und oft mit Aggressionen begegnet.

Ob Griechenland ein drittes Hilfsprogramm plus neuerliche Sparmaßnahmen braucht, ist offen. Die Lage ist weiterhin prekär. Die Gefahr eines Staatsbankrotts mit der Folge eines Austritts aus der Eurozone – bekannt unter dem Stichwort „Grexit" – scheint heute aber gebannt zu sein.

Doch die Gefahr des Euro-Austritts Griechenlands und des möglichen Zusammenbruchs der Wirtschafts- und Währungsunion im Jahr 2012 war real, das bestätigt der damalige Eurogruppen-Chef und jetzige Kommissionspräsident Jean-Claude Juncker. „Ja, diesen Moment gab es. Mit der Griechenland-Krise haben wir uns im kleinen Kreis intensiv beschäftigt. Die Angst, die Eurozone würde zerfallen, gab es in ausgeprägter Form – vom Frühjahr bis zum Spätherbst 2012."[5] Juncker betont in einem Interview, dass das Thema Griechenland-Austritt informell im kleinen Kreis debattiert wurde, das Szenario sollte aber niemals in eine operationelle Phase eintreten. „Ich habe mich stets dagegen gewehrt, dass man einen Euro-Austritt Griechenlands ernsthaft ins Auge fasst. Das hätte ein erhebliches Ansteckungspotenzial gehabt – und einige andere Staaten in einen tiefen Graben gezogen." Für Juncker gab es deswegen immer zwei Fixpunkte: „Griechenland darf nicht austreten, und die Eurozone darf nicht dem Risiko ausgesetzt werden, zu zerfallen."

Der ehemalige Chef der Eurogruppe und langjährige luxemburgische Ministerpräsident und Finanzminister gibt zu, wie sehr Spekulanten auf den Griechenland-Austritt und den Zusammenbruch der Eurozone gewettet haben. „Damals habe ich festgestellt, dass es sowohl innerhalb als auch außerhalb der EU Euro- und Integrationsfeinde gab.“[6]

Von der Krise betroffen ist aber nicht nur Griechenland. Irland und Portugal müssen ebenfalls gerettet werden, später auch Spanien und Zypern. Im Mai 2010 wird der Rettungsschirm EFSF aufgespannt. Aus dem EFSF wird später, im Oktober 2012, der ESM, der Europäische Stabilitätsmechanismus, der Notkredite von bis zu 750 Milliarden Euro vergeben kann, um Schuldenländer mit Finanzspritzen zu versorgen.

Irland beantragt im November 2011 als erstes Land Gelder aus dem Rettungsschirm. Die EU-Finanzminister stimmen einem Rettungspaket in Höhe von 85 Milliarden Euro zu. Durch einen rigiden Spar- und Reformkurs konnte die Insel-Republik den Rettungsschirm im Dezember 2013 verlassen. Den größten Teil der Hilfsgelder wendet die Regierung in Dublin für die Rettung der Banken auf.

Im April 2011 bittet die portugiesische Regierung um Finanzhilfen. Das Land erhält Kredite in Höhe von 78 Milliarden Euro.

Die Brandmauer der EU

Die EU ist in Folge der Krise gezwungen, eine Brandmauer zu errichten, nämlich nicht nur Rettungspakete zur Verfügung zu stellen, sondern sich auf Dauer besser gegen Krisen zu schützen. Darauf verständigen sich die EU-Staats- und Regierungschefs bei ihrem Gipfeltreffen im Juni 2011. Zu dieser Brandmauer gehört der Plan einer Finanztransaktionssteuer, für die sich Bundeskanzler Werner Faymann als erster Regierungschef der EU stark macht und Allianzen schmiedet. Elf Länder wollen die Steuer einführen. Zum Krisenabwehrmechanismus gehören auch Maßnahmen wie die Schuldenbremse nach deutschem Vorbild, die rechtlich in fast allen EU-Staaten verankert wird. Im März 2012 wird der Fiskalpakt unterzeichnet. Er sieht strengere Haushaltsregeln sowie die Verankerung einer Schuldenbremse in nationalem Recht vor. Von den 27 Mitgliedsländern beteiligen sich nur Großbritannien und die Tschechische Republik nicht an dem Abkommen.

Bei einem EU-Sondergipfel im Mai 2012 bricht ein Streit aus, ob Eurobonds, also die Vergemeinschaftung von Schulden, ein probates Mittel gegen die Schuldenkrise sind. Frankreich und etliche andere Länder befürworten Eurobonds, Deutschland ist strikt dagegen, bis heute. Diskutiert werden auch Projekt-Bonds für Infrastrukturvorhaben, ein Pilotprogramm wird durch die Europäische Investitionsbank (EIB) durchgeführt.

Ebenfalls Mitte 2012 werden Pläne für eine Vertiefung der Wirtschafts- und Währungsunion konkret. Die EU zieht Lehren aus der internationalen Finanzkrise und beschließt, die Bankenunion zu errichten, eines der ehrgeizigsten Projekte der EU. Sie soll helfen, die Folgen der Finanz- und Staatsschuldenkrise zu bewältigen und künftige Krisen zu verhindern oder zu mildern. Politik und Währungshüter sind sich einig: Eine gemeinsame Geldpolitik ohne gemeinsame Kontrolle der Banken funktioniert nicht.

Ein erster Schritt ist der Start der gemeinsamen Bankenaufsicht im November 2014 unter dem Dach der Europäischen Zentralbank (EZB). Sie kontrolliert die wichtigen und großen Banken im Euroraum – nach Bilanzprüfungen und Stresstests. Für die restlichen Institute, das sind kleinere Banken, bleiben die nationalen Aufseher zuständig. Das letzte Wort beansprucht aber auch hier die EZB. Ausdrücklich sind auch Nicht-Euroländer eingeladen, teilzunehmen.

Der nächste Schritt sind einheitliche Regeln, um strauchelnde Institute auch schließen zu können, das ist das Ende des „too big to fail". Die Abwicklung maroder Banken wird künftig nicht mehr auf Kosten der Steuerzahler erfolgen. In erster Linie werden Eigentümer und Gläubiger zur Kasse gebeten und erst dann Großsparer sowie Hilfsfonds. Die Haftungsregeln sollen europaweit ab 2016 gelten. Ein gemeinsamer Abwicklungsfonds soll bis Anfang 2024 schrittweise über Abgaben der Geldhäuser mit rund 55 Milliarden Euro gefüllt werden.

Als weiterer Baustein werden nationale Einlagensicherungssysteme harmonisiert. Das heißt, alle EU-Länder sind verpflichtet, Sicherungsfonds aufzubauen, um im Entschädigungsfall Bankeneinlagen von bis zu 100.000 Euro zu garantieren.

Das Europa-Parlament setzt in harten Verhandlungen mit den Mitgliedsländern auch eine Deckelung von Banker-Boni durch.

Das Mammut-Projekt „Bankenunion“ ist 2012 am Papier geschaffen, doch was passiert 2012 in den krisengeplagten Ländern weiter?

Mitte 2012 bekommt auch Spanien massive Probleme, sich frisches Geld auf den Finanzmärkten zu besorgen. Der Grund liegt in den hohen Zinsen, die Spanien für seine Staatsanleihen bieten muss. Im Juni 2012 flüchtet auch Spanien unter den Europäischen Rettungsschirm. Zur Lösung seiner Bankenkrise kann Madrid auf Notkredite von bis zu 100 Milliarden Euro bauen, die Spanien allerdings nicht ausschöpfen muss. Anders als in Griechenland, Irland oder Portugal handelt es sich dabei um spezielle Hilfen zur Stabilisierung des wankenden Bankensystems – ohne ein umfassendes Kontrollsystem der EU und ohne Troika wie etwa gegenüber Griechenland.

Kurz nach dem Banken-Hilfspaket für Spanien flüchtet Zypern als fünftes Land unter den Euro-Rettungsschirm. Im März 2013 bekommt der Inselstaat im Mittelmeer zehn Milliarden Euro, der Internationale Währungsfonds beteiligt sich. Umstritten ist der Beschluss der EU-Staats- und Regierungschefs wegen einer Zwangsabgabe für Sparer: Viele Experten sehen darin einen Tabubruch. Sie warnen, dass die Sparer in den anderen Krisenstaaten aus Furcht vor einer ähnlichen Belastung ihre Konten leeren könnten.

Die Euro-Schuldenkrise ist noch lange nicht ausgestanden. Frankreich, Italien und auch Spanien bekommen von der EU-Kommission wegen der Massenarbeitslosigkeit und Rezession mehr Zeit, die Sparziele zu erreichen. Die Länder müssen die Defizitgrenze von drei Prozent erst 2015, also zwei Jahre später als vorgesehen, einhalten.

Mitte 2014 flammt die Diskussion über die flexible Auslegung des Stabilitätspaktes auf, Frankreich und Italien sind für eine Lockerung der Regeln. Gleichzeitig pochen EU-Politiker und Ökonomen immer heftiger darauf, Wachstum, Beschäftigung und Investitionen zu fördern, um die Arbeitslosigkeit zu bekämpfen, die soziale Lage zu verbessern und nach all den Jahren der Krise eine Wende herbeizuführen. „Aktuelle Trends zeigen, dass die wirtschaftliche Erholung noch fragil ist und Verbesserungen zaghaft ausfallen. Es gibt Wachstum, aber wir müssen auch sicherstellen, dass es nachhaltig ist. Wir dürfen in unseren Bemühungen nicht nachlassen, sondern müssen weiterhin den makroökonomischen und beschäftigungspolitischen Aufschwung in der EU unterstützen", sagt der für Beschäftigung, Soziales und Integration zuständige EU-Kommissar László Andor.[7]

Die Europäische Zentralbank als Rettungsanker in der Krise

Die Finanz- und Wirtschaftskrise zwang die Europäische Zentralbank (EZB) zu zahlreichen Notmaßnahmen – von Liquiditätsspritzen für Geldmärkte und Banken bis hin zu massiven Zinssenkungen und Wertpapierkäufen. Inzwischen liegt der Leitzins nur noch hauchdünn über der Nulllinie und die EZB erhebt als erste bedeutende Notenbank Strafzinsen von Banken, die Gelder lieber bei ihr parken und sie nicht als Kredite an die Wirtschaft weitergeben.
Seit Beginn der globalen Turbulenzen hat die EZB etliche wichtige Entscheidungen getroffen, die von manchen Ökonomen aber auch heftig kritisiert werden. Kursorisch dargestellt, wurden folgende Schritte gesetzt:
Wie andere Notenbanken senkt auch die EZB in mehreren Schritten ihre Leitzinsen, Mitte des Jahres 2009 beginnt die EZB mit dem Ankauf von Pfandbriefen. Im Mai 2010 kündigt die Europäische Zentralbank im Kampf gegen die eskalierende Schuldenkrise in der Eurozone an, am öffentlichen und privaten Anleihemarkt im großen Stil aktiv zu werden. Die Notenbank gibt damit ihren Widerstand gegen den Ankauf von Staatsanleihen der Euro-Länder auf. Laut EU-Vertrag kann die EZB die Bonds nur am Sekundärmarkt erwerben und nicht direkt bei den Regierungen. Ende des Jahres 2010 beschließen die Notenbanker eine Verdoppelung ihres Grundkapitals auf knapp elf Milliarden Euro. Im August 2011 beginnt die EZB mit dem Ankauf von italienischen und spanischen Anleihen. Beide Länder waren zuvor ins Visier der Märkte geraten. Als Anfang November 2011 der italienische Bankmanager und Finanzwissenschaftler Mario Draghi seine maximal acht Jahre

dauernde Amtszeit als Präsident der EZB beginnt, versucht er mit einem Maßnahmenbündel den kriselnden Geldmarkt wieder flott zu machen und das Vertrauen der Banken zu stärken: Der Leitzins wird auf ein Prozent gesenkt, erstmals kündigt die EZB zwei Refinanzierungsgeschäfte mit Banken über eine Laufzeit von drei Jahren an. Beim ersten Drei-Jahres-Geschäft sichern sich die Banken der Eurozone die gigantische Summe von 489 Milliarden Euro, beim zweiten Drei-Jahres-Geschäft Anfang 2012 ist die Nachfrage noch größer – nämlich 530 Milliarden Euro.
Im Juli 2012 wird der Leitzins weiter auf 0,75 Prozent gesenkt. Die EZB kappt zudem den Einlagensatz, den Banken bekommen, wenn sie Geld bei der EZB parken, erstmals auf null Prozent. Sie will damit die Institute ermuntern, mehr Geld an Unternehmen und Haushalte zu verleihen. Das hat einen positiven Nebeneffekt: Die Banken haben mehr Mittel, um auch Staatsanleihen zu erwerben, was die überschuldeten Länder im Süden der EU stützt.

Die Wende in der Schuldenkrise: Mario Draghis Londoner Rede im Juli 2012

2012 wird zum Jahr der Entscheidungen, die europäische Schuldenkrise hält immer noch Regierungen, Parlamente und Zentralbanken in Atem. Kaum haben sich die Eurostaaten auf ein zweites Rettungspaket für Griechenland verständigt, laufen für Italien und Spanien bei der Staatsfinanzierung die Zinsen aus dem Ruder. Im Sommer steht Spanien mit dem Rücken zur Wand. EZB-Chef Mario Draghi versteht: Ein klares Signal an Investoren, aber auch an Spekulanten, ist jetzt nötig. Am 26. Juli 2012 hält Draghi bei einer Investoren-Konferenz in London eine Rede und sorgte mit nur wenigen Worten für eine Wende in der Krise.
Seine Botschaft an die Finanzmärkte ist wohlkalkuliert: „Innerhalb ihres Mandats ist die Europäische Zentralbank bereit zu tun, was

immer auch nötig ist (‚whatever it takes'), um den Euro zu retten. Und glauben Sie mir, es wird genug sein." Mit diesen Worten kündigt der Zentralbankchef nicht weniger als unbegrenzte Hilfen an. Draghis Worte zeigen Wirkung. Seit der Rede ist im Euroland mit seinen damals 17 Mitgliedstaaten eine gewisse Ruhe eingekehrt. Die Zinsen, die Krisenstaaten Investoren zahlen müssen, wenn sie sich von diesen über Anleihen Geld für ihre laufenden Ausgaben leihen, sanken deutlich. Heute ist kaum noch die Rede von einem Auseinanderbrechen der Währungsgemeinschaft.

Die Reaktionen auf die Draghi-Ankündigung übertreffen sich. „Es gibt eine Welt vor und eine Welt nach dem 26. Juli", sagt Frederik Ducrozet, Ökonom bei der genossenschaftlichen französischen Bankengruppe Crédit Agricole (CA). Draghis Rede könne als historisch gewertet werden. Sie gehöre zu der Art von Ereignissen, „die es nur selten gibt und deren Konsequenzen sich dauerhaft auswirken". Auch Carsten Brzeski von der niederländischen Großbank ING stuft Draghis Rede als „legendär" ein.

Der Notenbanker aus dem Euro-Tower in Frankfurt stellt Anfang September 2012 ein Notfallprogramm vor, das den unbegrenzten Aufkauf der Anleihen von Euro-Staaten durch die EZB vorsieht. Der EZB-Rat beschließt daraufhin gegen den Widerstand der Deutschen Bundesbank neue, umfangreiche Staatsanleihenkäufe auf dem Sekundärmarkt. Ziel des OMT-Programms (Outright Monetary Transactions) ist laut Draghi, den Euro zu sichern.

Dieses Programm soll in Extremsituationen die Zinslast von den Schultern der Krisenländer nehmen, indem die EZB eine Art künstliche Nachfrage erzeugt. Zugleich aber ist in dem Programm vorgesehen, dass Staaten, die das Programm nutzen, sich in Teilen auch der Kontrolle des Euro-Rettungsschirms ESM unterstellen müssen.

„Draghis Geniestreich besteht darin, in einem Instrument alle Zutaten der Rettungssysteme der Eurozone zusammenzufassen, die bereits existierten, aber Lücken hatten", sagt Deutsche-Bank-Öko-

nom Gilles Moec. Dennoch ist das Programm umstritten. Kritiker wie Bundesbank-Präsident Jens Weidmann sehen die Zentralbank damit nahe an der Staatsfinanzierung durch die Notenpresse – die EU-Verträge aber verbieten.
Bis heute jedoch blieb das Programm ungenutzt. Es floss kein Cent von Seiten der EZB für Anleihekäufe. Draghi war es damit – zumindest auf den ersten Blick – gelungen, die akute Krise einzudämmen, ohne Geld auszugeben.
Ein Ende der Eurokrise bedeutete Draghis Rede aber nicht. Immer wieder flammen Brandherde auf, wie die Zypernkrise 2013 zeigte. Die Konjunktur in der Eurozone ist nach wie vor schwach, die Arbeitslosigkeit auf Rekordhoch.
Ein Jahr später, im November 2013, senkt die EZB den Leitzins weiter auf das neue Rekordtief von 0,25 Prozent. Als Grund nennt sie die Gefahr einer zu langen Periode zu niedriger Teuerungsraten. Sie will also mit noch billigerem Geld verhindern, dass die Wirtschaft der Eurozone in einen Teufelskreis aus sinkenden Preisen und fallender Nachfrage gerät.
Dabei bleibt es nicht. Die EZB forciert Mitte 2014 den Abwehrkampf gegen eine drohende Deflation und den stockenden Kreditfluss in Teilen der Eurozone mit einer weiteren Leitzinssenkung auf 0,15 Prozent. Banken, die ihr Geld lieber in der EZB parken, als es an Unternehmen und Haushalte zu verleihen, müssen künftig eine Strafgebühr von 0,10 Prozent zahlen.
Anfang Juli 2014 sieht sich die EZB erneut zu einer Ankündigung von großer Tragweite genötigt: Die Zinsen in der Eurozone sollen für einen „ausgedehnten Zeitraum“ niedrig bleiben. Eine solche Ankündigung der EZB hatte es bislang noch nicht gegeben. Die Wahrscheinlichkeit ist hoch, dass dies nicht der letzte historische Schritt der Zentralbank im Kampf gegen die Krise ist.

Herbst 2014: Draghis Rede in Jackson Hole

Mario Draghi versucht wieder einen Coup – weil er beim ersten Mal im Jahr 2012 in London so schön gelang. Damals drückte der Präsident der Europäischen Zentralbank (EZB) in einem Alleingang ein Notprogramm für Staatsanleihen durch. Es brachte ihm viel Ruhm, weil er mit seinem Solo zur richtigen Zeit den Euro vor dem Ende gerettet hatte.

Im Herbst 2014 will er es erneut versuchen und mit einem Kaufprogramm für umstrittene Kreditpakete Europas Konjunktur vor dem Absturz bewahren. Wieder macht er es im Alleingang. Mit einem scheinbar spontanen Einschub in einer viel beachteten Rede bei der Notenbanker-Konferenz in Jackson Hole in den USA will er die Kritiker an seinem Kurs bereits im Vorfeld ausmanövrieren.[8] Beachtlich an der Rede ist auch, dass er die Euro-Länder zu mehr Reformen und verstärkten Anstrengungen aufruft und Nachzügler kritisiert. „In einigen Staaten sind Veränderungen schon angegangen worden. In anderen aber nicht", sagt Draghi.[9] Ländernamen nennt er nicht. Zugleich fordert er „wachstumsfreundliche Maßnahmen". Dafür gebe es nach den EU-Haushaltsvorgaben genügend Spielraum. Zunächst müsse man aber sehr ernsthaft über Strukturreformen reden und erst in einem zweiten Schritt über Flexibilität. „Darum geht es. Das habe ich in Jackson Hole gesagt", ergänzt er nach seiner Rückkehr aus den USA in Frankfurt.[10] Frankreich und Italien fordern ja eine Aufweichung des strikten Sparkurses in Europa. Selbst Deutschland sieht inzwischen Möglichkeiten, mehr Geld – etwa für die Infrastruktur – auszugeben, beharrt jedoch im Grundsatz auf dem Sparkurs.

Draghis Solo gestaltet sich im Herbst 2014 deutlich schwieriger als zuvor im Sommer 2012. Nachdem Draghi Anfang Oktober 2014 die Details seiner Pläne veröffentlicht hat, nämlich Kreditverbriefungen und Pfandbriefe aufzukaufen[11], opponiert im EZB-Rat nicht nur der notorisch nörgelnde Bundesbank-Präsident Jens

Weidmann gegen ihn. Weidmann fürchtet, dass ein Aufkauf von Ramschanleihen Kreditrisiken der privaten Banken auf „die Notenbank und damit den Steuerzahler verlagert"[12].
Draghi hat als Ziel ausgegeben, die Bilanzsumme der EZB wieder auf das Niveau von 2012 zu erhöhen. Das entspräche einer Ausweitung um rund eine Billion Euro. Um ein solches Volumen zu erreichen, so fürchtet der oberste Bundesbanker Weidmann, könnte sich Draghi gezwungen sehen, riskante Papiere zu kaufen oder aber überhöhte Preise für die Kreditpakete zu zahlen. Die Risiken würden dann in der EZB-Bilanz landen und damit bei den Euro-Staaten. Deutschland bürgt für mehr als ein Viertel der Notenbankbilanz, Frankreich für immerhin gut 20 Prozent.
Selbst Europas Regierungen lassen Draghi mit seinem Vorstoß – anders als noch 2012 – bislang im Regen stehen. Dabei war Draghis Taktik zunächst erneut aufgegangen. Völlig überraschend hat er im amerikanischen Bergnest Jackson Hole neue Maßnahmen gegen die extrem niedrige Inflation im Euro-Raum in Aussicht gestellt. Dass er damit Fakten schaffte, die der 24-köpfige EZB-Rat nur noch abnicken konnte, schluckte die große Mehrheit im Gremium noch ziemlich klaglos.
In der Sache dagegen ist das Kaufprogramm für Kreditpakete einschließlich der schlecht beleumundeten ABS-Papiere sehr umstritten – „Asset-backed securities" (ABS) sind Wertpapiere, in denen ein Bündel verschiedener Kredite steckt, etwa Darlehen an Mittelständler oder Hauskäufer.
Selbst die fünf Direktoren, die gemeinsam mit Draghi sozusagen den sechsköpfigen Vorstand der EZB bilden, stehen im September nicht geschlossen hinter dem Plan des Chefs. Es besteht die Sorge, dass sich die Notenbank zu viele schwer kalkulierbare Risiken auf die Bilanz laden könnte, und dass sie faule Kredite en masse einkauft.
Die EZB will dieses Programm nicht wie bisher üblich über die nationalen Zentralbanken des Euro-Systems abwickeln. Stattdessen

sollen Banken oder andere externe Dienstleister zum Einsatz kommen. Im Euro-Tower begründet man das mit der fehlenden Erfahrung der nationalen Notenbanken auf dem ABS-Markt. Deshalb brauche man zumindest anfangs Hilfe von außen. Dahinter steckt die Vermutung, dass die EZB die Hoheit über das Programm nicht delegieren, sondern selbst die Zügel in der Hand behalten wolle.
Nun ist das Kompetenzgerangel zwischen EZB und nationalen Notenbanken nicht neu. Das Handeln von Mario Draghi beschleunigt aber die Debatte, wie viel Macht sich in der Chefetage des Euro-Towers konzentrieren darf. Der Europäische Gerichtshof beschäftigt sich damit. Und die EU-Kommission sowie das Europäische Parlament machen sich dafür stark, die richterliche Kontrolle für die EZB extrem schlank zu halten – was bedeutet, dass die Zentralbank nicht nur innerhalb ihres Mandats unabhängig wäre, sondern auch noch mehr oder weniger autonom entscheiden könnte, wie weit dieses Mandat reicht.

Handelt die EZB außerhalb ihres Mandats?

Für Kritiker aus Deutschland bewegt sich die EZB mit ihren neuen Kreditkäufen schon wieder außerhalb ihres Auftrags. Hans-Werner Sinn, Präsident des Ifo-Instituts, ruft die Bundesregierung zum Widerstand dagegen auf und fordert, andernfalls vor das Karlsruher Verfassungsgericht zu ziehen. Als Draghi 2012 sein Euro-Rettungsprogramm verkündete, hatte er noch die Rückendeckung von Bundeskanzlerin Angela Merkel. Diesmal bleibt der Applaus aus Berlin aus: Bundesfinanzminister Wolfgang Schäuble klagt sogar öffentlich, er sei „nicht glücklich“ über den Ankauf von verbrieften Krediten.
Draghi sollte das Mandat der EZB nicht überstrapazieren, heißt es in deutschen Regierungskreisen. Er segle sehr hart an der Grenze des Zulässigen. Mehr Liquidität erhöhe außerdem die Gefahr für

neue Preisblasen. Und nicht vergessen hat man in Berlin, wie gerade jene strukturierten Wertpapiere, die Draghi nun aufkaufen will, die US-Finanzkrise wie ein zusätzlicher Brandbeschleuniger angefacht haben. „Unsere Sorge ist, dass die Notenbank neue Langfrist-Risiken auftürmt“[13], lässt Finanzminister Wolfgang Schäuble wissen. Selten ist man so deutlich geworden.

Dabei hatte Draghi den Finanzministern unterschwellig eine Art Schulterschluss angeboten. Die EZB könnte auch vergleichsweise riskante Kreditpakete kaufen und die klammen Banken damit umso mehr entlasten, signalisierte der Notenbank-Präsident – aber nur, wenn die Regierungen oder deren Förderbanken entsprechende Ausfallgarantien abgeben würden. Doch diese Idee fiel auf keinen fruchtbaren Boden: Nicht nur Berlin war dagegen, auch die französische Regierung verweigerte sich Draghis Ansinnen.

Damit steht dessen Kreditprogramm nun ziemlich gestutzt da. Die meisten Ökonomen rechnen nicht damit, dass die EZB ein ausreichend großes Volumen aufkaufen kann, um die Wirtschaft wirklich zu stützen und die derzeit niedrige Inflation nach oben zu treiben.

Dies wäre aber noch ungleich kontroverser, gerade in Deutschland. Es geht nicht nur um die Wirksamkeit, sondern auch um den politischen Willen. Denn die EZB habe den Märkten versichert, sie sei bereit, alles Notwendige zu tun.

Es gibt aber auch andere Deutungen. Dass sich die Regierungen wackeliger Staaten wie Frankreich mit einer Unterstützung Draghis und mit ABS-Garantien zurückhalten, könnte auch daran liegen, dass sie eben weiter auf dessen Alleingänge setzen. Schließlich war es in der Eurokrise immer wieder so: Wenn sich die Regierungen nicht bewegten, hielt es der EZB-Präsident irgendwann nicht mehr aus und sprang selbst in die Bresche, weil er fürchtete, dass sonst alles noch schlimmer würde.

Marcel Fratzscher*: „Europa braucht einen Wachstumsimpuls“

Europa durchlebt ein verlorenes Jahrzehnt. Die Volkswirtschaft der Eurozone ist heute kleiner als Anfang des Jahres 2008. Die Volkswirtschaften von Ländern wie Italien, Spanien, Portugal oder Griechenland sind gar um zehn Prozent oder mehr geschrumpft. Die Zahl der Arbeitslosen, vor allem unter den jungen Menschen Südeuropas, war seit dem Zweiten Weltkrieg nie höher. Je länger die Krise andauert, Menschen arbeitslos sind und Unternehmen schließen oder ihre Produktion drosseln müssen, desto größer wird der permanente Schaden für die Gesellschaft und für die Wirtschaft Europas. Die Frage, vor der wir heute stehen, ist nicht, ob wir ein verlorenes Jahrzehnt erfahren werden – dies ist längst unvermeidbar –, sondern vielmehr, ob ein zweites verlorenes Jahrzehnt folgen wird. Dadurch könnte eine ganze Generation junger Europäer ihre Zukunft verlieren.

Was kann die Politik tun, um Europa aus der Krise zu ziehen und die Weichen für ein stabiles, dynamisches Europa für die Zukunft zu stellen? Um diese Fragen beantworten zu können, müssen wir die Ursachen verstehen. Die Schwierigkeit liegt darin, dass die Eurozone sich nicht in einer Krise befindet, sondern in vier unterschiedlichen, jedoch eng miteinander verbundenen Krisen: eine Wirtschaftskrise, eine Finanz- und Bankenkrise, eine Schulden-

* Marcel Fratzscher leitet seit Anfang 2013 das Deutsche Institut für Wirtschaftsforschung (DIW). Er ist Professor für Makroökonomie an der Humboldt-Universität zu Berlin. Davor war er seit 2008 Leiter der Abteilung „International Policy Analysis“ (Internationale wirtschaftspolitische Analysen) bei der Europäischen Zentralbank (EZB) in Frankfurt am Main.

krise und eine Vertrauenskrise in Europa und seine Institutionen. Wir unterliegen der Illusion, die Wirtschaftskrise bedeute nur einen temporären Verlust von Produktion und Arbeitsplätzen. Wir hören häufig von der Politik, man möge doch Geduld mit den politischen Entscheidungen haben, und Reformen müssten „sozial verträglich" gestaltet werden. Diese Aufrufe spiegeln die Hoffnung wider, ein gradueller Prozess der Reformen könnte die von der Krise und den erforderlichen Reformen am stärksten betroffenen Menschen schützen. Dies ist ein Irrglaube. Der wirtschaftliche, gesellschaftliche und für viele Menschen sehr persönliche Schaden, den die Krise anrichtet, ist weit mehr als ein temporäres Phänomen. Ein arbeitsloser Mensch verliert Monat für Monat zunehmend seine Fähigkeiten, und es wird für ihn immer schwieriger, wieder Fuß zu fassen und sich in den Arbeitsmarkt zu integrieren. Auch Deutschland hat heute mehr als eine Million Langzeitarbeitslose, Menschen, die seit mindestens einem Jahr, und häufig sehr viel länger, ohne Tätigkeit sind. Dies sind zu einem Teil noch die Auswirkungen der tiefen Krise Ende der 1990er Jahre und Anfang der 2000er Jahre in Deutschland.

Niedrige Investitionen schaden der Wettbewerbsfähigkeit

Das Gleiche gilt für Unternehmen. Die größte Schwäche für Unternehmen in der gesamten Eurozone heute, auch in Österreich und Deutschland, sind die niedrigen Investitionen. Eine Studie des DIW Berlin (Deutsches Institut für Wirtschaftsforschung) hat eine Investitionslücke von zwei Prozent der Wirtschaftsleistung, oder knapp 200 Milliarden Euro jährlich, für die Eurozone identifiziert. Niedrige Investitionen bedeuten eine sinkende Leistungsfähigkeit, Produktivität und Innovation von Unternehmen. Dies schadet nicht nur ihrer Wettbewerbsfähigkeit auf internationalen Märkten heute, sondern es entzieht den Unternehmen die Grundlage für den langfristigen Erfolg. Dadurch sind Unternehmen nicht in der Lage, Menschen Beschäftigung zu geben, somit steigt die Arbeitslosigkeit oder bleibt anhaltend hoch, die Nachfrage in der Volkswirtschaft sinkt und die Wirtschaft gleitet noch tiefer in die Krise. Je länger die europäische Wirtschaftskrise andauert, desto mehr Wohlstand und Wachstumschancen für die Zukunft werden zerstört. Menschen und Unternehmen verlieren einen Teil ihrer Fähigkeiten und ihrer Leistungsfähigkeit in einer sich enorm schnell wandelnden globalen Wirtschaft. Die Erwartungen von Unternehmen und Menschen in einer anhaltenden Krise – also ein fehlendes Vertrauen, oder Vertrauenskrise – verfestigen sich, reduzieren die Investitions- und Konsumnachfrage und führen letztlich zu einem Teufelskreis, aus dem es immer schwieriger wird herauszukommen. Ein Entkommen aus dieser Wirtschaftskrise ist so schwierig, weil die europäische Wirtschaft zudem durch eine Finanzkrise und eine Schuldenkrise belastet wird. Noch immer hat eine große Anzahl von Banken Schwierigkeiten, Risiken in ihren Bilanzen abzubauen und ein nachhaltiges Geschäftsmodell zu finden. Im November 2014 wird die Europäische Zentralbank (EZB) im Rahmen der Bankenunion die Verantwortung für die Aufsicht der größten Banken in der Eurozone übernehmen. Auch wenn das zusätzliche Kapital, das von den Banken nun aufgenommen werden muss, gering sein mag, so ist die Sorge groß, dass viele Banken auch in den kommenden Jahren ihre Kreditvergabe an die Realwirtschaft drosseln werden. Wir sehen vor allem in Südeuropa noch immer eine Kreditklemme, bei der vor allem kleine und mittlere Unternehmen nur schwer an Kredite kommen, um Investitionen zu tätigen und somit Beschäftigung und Wachstum in ihren Regionen zu schaffen. Weniger Fortschritt wurde bisher bei der Schuldenkrise gemacht. Nicht nur haben viele Staaten noch immer hohe Defizite und einen Schuldenstand, der Staaten in die Insolvenz führen könnte. Auch viele private Unternehmen und Menschen, vor allem in Südeuropa, haben hohe Schulden, die sie bei fallenden Erträgen und

Einkommen immer schwerer bedienen können. Der Prozess des Schuldenabbaus verläuft meist nur sehr schleppend, gerade auch, weil ein zu schnelles Absenken von öffentlichen Ausgaben und Investitionen den Volkswirtschaften schaden könnte.
Die zentrale Herausforderung für Europa ist deshalb die Frage, wie heute ein Wachstumsimpuls generiert werden kann, um aus diesem Teufelskreis der sich selbst verstärkenden und vertiefenden Krise herauszukommen. Viele Ökonomen betonen die Dringlichkeit von so genannten „strukturellen" Reformen, die die Angebotsseite der Wirtschaft stärken. Hierzu gehört weniger Bürokratie, mehr Wettbewerb, mehr Flexibilität von Arbeits- und Produktmärkten und bessere Rahmenbedingungen, die Anreize für Investitionen und Innovationen bieten. Vor allem in der Diskussion in Deutschland wird immer wieder auf die Dringlichkeit solcher Strukturreformen hingewiesen. Denn auch Deutschland hat mit der Agenda 2010 sehr harte soziale Einschnitte gemacht, um die Wettbewerbsfähigkeit und Flexibilität der Wirtschaft zu verbessern und somit Beschäftigung und Wachstum in Deutschland zu stärken.

Erfolgreiche Wirtschaftspolitik muss gleichzeitig die Angebotsseite und die Nachfrageseite stärken

Es ist richtig, dass viele der Krisenländer in Südeuropa solche Reformen, wie sie Deutschland Anfang der 2000er Jahre gemacht hat, umsetzen müssen. Länder wie Frankreich und Italien haben bisher deutlich zu wenig getan, um Strukturreformen zu realisieren, und sie haben riesigen Nachholbedarf. Aber die Wirtschaftspolitik greift zu kurz, wenn sie ausschließlich auf die Reform der Angebotsseite der Volkswirtschaften ausgerichtet ist. Eine solche Politik kann nur erfolgreich sein, wenn sie auch zu einer adäquaten Erhöhung der Nachfrage führt. Europa und auch Deutschland haben heute ein deutlich höheres Potenzial auf der Angebotsseite als auf der Nachfrageseite. Deshalb muss eine erfolgreiche Wirtschaftspolitik gleichzeitig die Angebotsseite und die Nachfrageseite stärken. Weder Reformen auf der Angebotsseite alleine noch eine zu starke Fokussierung auf die Nachfrageseite werden zu einer Beendigung der europäischen Krise führen können.

Genau in dieser Situation befindet Europa sich heute. Daher steigt die Wahrscheinlichkeit einer Stagnation der europäischen Wirtschaft für die kommenden fünf bis zehn Jahre. Diese Stagnation bedeutet geringe Investitionen und niedriges Wachstum und damit eine lang anhaltende, hohe Arbeitslosigkeit in Südeuropa. Dazu kommt eine fallende Inflationsrate, die in vielen Ländern der Eurozone mittlerweile zu einer Deflation geführt hat, also fallenden Preisen für viele Güter und Dienstleistungen. Dies reduziert langfristig nicht nur die Investitionen und die Konsumnachfrage, sondern es macht das Bedienen von Schulden für Unternehmen und private Haushalte immer schwieriger.

In den vergangenen Jahren ist der Eindruck entstanden, dies wären lediglich Probleme für Südeuropa, und die gesünderen mittel- und nordeuropäischen Länder könnten sich dieser Krise entziehen. Auch dies hat sich als falsch erwiesen. Denn auch die Volkswirtschaften Deutschlands und Österreichs werden in einem solchen Umfeld, vor allem durch ihre hohe Integration mit und Abhängigkeit von der europäischen Wirtschaft, kein dynamisches Wachstum mit steigenden Löhnen und Einkommen generieren können. Wir sehen die Anzeichen in beiden Volkswirtschaften immer stärker. Die Wachstumszahlen und -prognosen für Deutschland sind über das vergangene Jahr 2013 ständig gefallen, und auch die Deflation wird für immer mehr Sektoren der deutschen Wirtschaft eine Realität. Der wichtigste Grund für diese Abschwächung in Deutschland und Österreich liegt in den deutlich schlechteren Aussichten und nach wie vor großen wirtschaftspolitischen Problemen in den Krisenländern.

Wie kann Europa aus diesem Teufelskreis der Krise entkommen?

Nur ein entschiedener Wachstumsimpuls kann dies bewerkstelligen, der kurzfristig zu einer massiven Stimulierung sowohl der Angebotsseite als auch der Nachfrageseite der europäischen Wirtschaft führt. Die Hoffnung, die EZB könne erneut mit ihren Maßnahmen die Märkte und die Wirtschaft Europas schützen und stabilisieren, wird sich nicht bewahrheiten können. Die EZB hat Europa mehrmals – wie beispielsweise im Mai 2010, aber auch durch ihre Ankündigung im Sommer 2012, den Euro stabil zu halten – vor einer tiefen Depression bewahrt. Dies wird sie nicht noch einmal tun können. Selbst ein massives Ankaufprogramm von Staatsanleihen und privaten Anleihen, oder was auch als „Quantitative Lockerung“ bezeichnet wird, wird nicht einen solchen Impuls geben können.

Die Hoffnung der Regierungen Frankreichs und Italiens, dass ein solcher Impuls durch mehr Staatsausgaben gelingen könnte, wird sich jedoch auch als Illusion erweisen. Die Finanzmärkte werden den Regierungen beider Länder keinen deutlichen Anstieg ihrer Staatsausgaben erlauben. Viel zu prekär sind ihre Staatsfinanzen und viel zu groß das Misstrauen der Investoren in den Reformwillen beider Regierungen. Zudem werden Regierungen nie alleine mit ihren Staatsausgaben einen signifikant positiven Impuls setzen können, da Beschäftigung und Investitionen zum größten Teil von der Privatwirtschaft generiert werden.

Europa braucht unbedingt private Investitionen

Der Schlüssel für einen wirtschaftspolitischen Impuls liegt bei den privaten Investitionen in Europa. Nur ein Anstieg privater Investitionen stärkt sowohl die Angebotsseite als auch die Nachfrageseite der Volkswirtschaften. Mehr Investitionen führen zu mehr Produktivität, Innovation und damit zu höherer Beschäftigung und höherem Einkommen. Dies hilft Banken, ihre Risiken abzubauen und faule Kredite zu reduzieren. Und durch höhere Steuereinnahmen und niedrigere soziale Ausgaben kann auch die Staatsverschuldung wieder auf einen nachhaltigen Pfad zurückfinden.

Eine europäische Investitionsagenda sollte drei Elemente enthalten: Das erste ist eine Verbesserung von Wettbewerb und die entschiedene Umsetzung struktureller Reformen in der Eurozone. Mehr Wettbewerb und eine höhere Flexibilität von Produkt- und Arbeitsmärkten sind notwendig für attraktivere Rahmenbedingungen und Anreize für Unternehmen.

Das zweite Element der europäischen Investitionsagenda sollte eine expansivere Fiskalpolitik sowohl in den Krisenländern als auch in Deutschland sein. Die Regierungen sollten diese jedoch zum einen für öffentliche Investitionen nutzen, um die Produktivität der Wirtschaft zu verbessern. Zum anderen sollten öffentliche Mittel dafür genutzt werden, Arbeitsplätze für Unternehmen durch eine Senkung von Steuern und Abgaben günstiger zu machen. Dabei sollte der Stabilitäts- und Wachstumspakt eingehalten werden, um das ohnedies schon schwache Vertrauen der Unternehmen und Menschen in Europa nicht noch weiter zu schwächen. Regierungen sollten die gesamte Flexibilität der gemeinsamen europäischen Regeln ausnutzen. Aber sie sollten auch eine klare Umstrukturierung bestehender öffentlicher Ausgaben bewirken, also eine Reduzierung von öffentlichem Konsum und eine Erhöhung von öffentlichen Investitionen.

Das dritte Element einer europäischen Investitionsagenda sollte die Finanzierung von privaten Investitionen durch einen Investitionsfonds sein. Ziel dieses Investitionsfonds sollte es sein, die benannte Investitionslücke von zwei Prozent der Wirtschaftsleistung, oder 200 Milliarden Euro jährlich, über die mittlere Frist zu schließen. Ein Element der Finanzierung sollte eine Stärkung der Ressourcen für große Infrastrukturprojekte in der Europäischen Union sein. Dies könnte über die Europäische Investitionsbank (EIB) geschehen, sollte jedoch auch eine Veränderung der Moda-

litäten der Finanzierung, beispielsweise der Ko-Finanzierung von Projekten durch nationale Regierungen, enthalten.
Aber auch große gemeinsame europäische Projekte – insofern sie existieren und umgesetzt werden können – werden nur einen begrenzten Wachstumsimpuls für die Eurozone setzen können. Ein sehr großer Teil der Investitionen und Beschäftigung wird durch kleine und mittlere Unternehmen geschaffen. Es sind vor allem diese Unternehmen, die noch immer Schwierigkeiten haben, an Kredite zu kommen und Risiken abzubauen. Deshalb sollte eine europäische Investitionsagenda vor allem eine bessere Finanzierung für kleine und mittlere Unternehmen bewirken. Dazu könnte man auf dem bereits bestehenden Europäischen Investitionsfonds (EIF), der bei der Europäischen Investitionsbank angesiedelt ist, aufbauen, beispielsweise durch die Übernahme eines Teils der Kreditrisiken für Banken, die Kredite an solche Unternehmen vergeben.

Europa ist noch immer in einer tiefen Krise. Je länger diese Krise andauert, desto mehr Wohlstand, Potenzial und Leistungsfähigkeit von Wirtschaft und Gesellschaft werden langfristig zerstört. Ein Abwarten und Hoffen auf eine graduelle Erholung der Wirtschaft ist daher die denkbar schlechteste und gefährlichste Option. Europa braucht einen massiven Wachstumsimpuls, durch den sowohl die Angebotsseite als auch die Nachfrageseite der Wirtschaft deutlich gestärkt werden. Dies wird weder durch eine ausschließliche Fokussierung auf Strukturreformen gelingen können noch durch einen Anstieg von Staatsausgaben. Der Schlüssel für einen Wachstumsimpuls liegt bei den privaten Investitionen. Eine gemeinsame europäische Investitionsagenda mit drei Elementen könnte einen solchen Impuls schaffen. Erstens, mehr Wettbewerb und strukturelle Reformen. Zweitens, ein Nutzen der gesamten Flexibilität des Stabilitäts- und Wachstumspakts mit dem Ziel, mehr Beschäftigung zu schaffen, und drittens ein europäischer Investitionsfonds vor allem für kleine und mittlere Unternehmen.

Sigmar Gabriel*: „Reden wir nicht über mehr oder weniger Europa, reden wir über ein anderes Europa"

Herr Vizekanzler Gabriel, die Volkswirtschaft der Eurozone ist heute kleiner als im Jahr 2008. Der Wirtschaftswissenschaftler Marcel Fratzscher spricht überhaupt von einem verlorenen Jahrzehnt, er meint, wir bräuchten wieder Wachstum. Stimmt das überhaupt? Brauchen wir schnell Wachstum? Ist das die einzige Chance, wieder zu mehr Arbeit und Wohlstand zu kommen?

Ja, wir brauchen mehr Wachstum. Ich wüsste nicht, wie wir sonst fünfzig Prozent Jugendarbeitslosigkeit in einigen europäischen Ländern bekämpfen sollen. Natürlich geht es nicht um irgendein Wachstum. Es macht keinen Sinn, neben zwei Autobahnen, die die Europäische Union bereits bezahlt hat, eine dritte zu bauen, auf der dann keiner fährt. Es geht schon um die Frage, in welchen Bereichen wir Investitionen brauchen, um die Wettbewerbsfähigkeit in einer sich digitalisierenden globalen Ökonomie zu verbessern. Und deswegen würde ich zum Beispiel sagen, Investitionen in Breitband, in Digitalisierungsstrategien oder in Energieeffizienz, die Wachstum bringen, sind sinnvolle Investitionen. Die braucht Europa mehr denn je.

* Sigmar Gabriel ist seit 2009 SPD-Parteivorsitzender und seit Dezember 2013 Vizekanzler sowie Bundesminister für Wirtschaft und Energie im Kabinett Merkel III. Gabriel ist seit 1977 in der SPD. Er ist Mitglied des Deutschen Bundestages seit 2005. Von 1999 bis 2003 war er Ministerpräsident des Landes Niedersachsen, von 2005 bis 2009 Bundesminister für Umwelt, Naturschutz und Reaktorsicherheit. Das Gespräch mit Sigmar Gabriel führte Helmut Brandstätter am 7. Oktober 2014 in Berlin.

Die Frage ist nur, wie wir das Geld dazu aufbringen. Das Deutsche Institut für Wirtschaftsforschung (DIW) spricht von einer Investitionslücke von 200 Milliarden Euro in der Eurozone. Wo kommt das Geld her?

Erstens sollten wir darüber reden, ob wir in Europa unsere Prioritäten richtig setzen. Ich denke, dass wir beispielsweise mehr Geld aus dem Agrarhaushalt in den Bereich Wissenschaft und Forschung umschichten müssten. Hier besteht ein dramatisches Ungleichgewicht. Wir konservieren in der EU oftmals vorhandene Strukturen und tun viel zu wenig für die Zukunft. Zweitens gibt es in Europa sehr, sehr viel Geld, allerdings auf privaten Konten. Auch in Deutschland. Wir sind ein unfassbar reiches Land und kriegen trotzdem die deutsche Infrastruktur nicht vernünftig finanziert. Welche Instrumente lassen sich also finden, um privates Kapital auch für öffentliche Infrastruktur zu mobilisieren? Wie können wir Wege anbieten, damit mehr privates Kapital in die Realwirtschaft fließt und nicht in irgendwelche Spekulationsobjekte der Finanzwirtschaft? Dafür müssen wir vernünftige Rahmenbedingungen schaffen. In Deutschland sprechen wir beispielsweise über die Frage: Wollen wir nicht Lebensversicherungen und Pensionsfonds auch die Möglichkeiten geben, in Start-up-Unternehmen zu investieren, was sie heute nicht dürfen? Nicht unbegrenzt, um nicht zu hohe Risiken einzugehen, aber doch in einem Umfang, bei dem wir Venture-Capital für junge Unternehmen in der Wachstumsphase generieren.

Die andere Möglichkeit sind PPP-Modelle, Public-private-Partnerships, gemeinsame Unternehmungen von Privaten und der öffentlichen Hand. Aber wenn Private investieren, wollen sie natürlich dann auch Geld herausbekommen.

Mit klassischen PPP-Modellen haben wir in Deutschland bislang keine guten Erfahrungen gemacht. Aber natürlich wird es auch um Nutzerfinanzierungen gehen. Ich würde der deutschen Telekom gerne mehr Spielraum geben und sie weniger stark regulieren, dann verdient sie auch das Geld, das sie braucht, um in die digitale Infrastruktur zu investieren. Auch auf europäischer Ebene regulieren wir viel in dem fatalen Irrtum, die Telekommunikationsunternehmen Europas stünden nur in einem innereuropäischen Wettbewerb. Wir halten sie künstlich klein – vermutlich bis der US-Wettbewerber sie schlucken wird. Mit dem heutigen europäischen Wettbewerbsrecht wäre Airbus vermutlich nie entstanden.

Also mehr privates Geld in die öffentliche Infrastruktur?
Ich bin jedenfalls dafür. Und nicht nur in die öffentliche Infrastruktur. Wir haben doch auch seit vielen Jahren in Europa und auch in Deutschland viel zu geringe Nettoinvestitionen in den Unternehmen selbst. Das heißt doch nichts anderes, als dass einerseits das vorhandene Kapital immer noch eher in Finanzanlagen geht als in die Realwirtschaft. Und andererseits nimmt natürlich die Wettbewerbsfähigkeit unserer Unternehmen ab, wenn nicht in moderne Technologien, Forschung, Märkte und Wachstum investiert wird. Wir müssen uns also fragen, wie wir die Rahmenbedingungen für private Investitionen in die Realwirtschaft verbessern und vielleicht sogar den Abfluss von Kapital in die Finanzindustrie etwas unattraktiver machen. Die möglichen Antworten reichen vom Bürokratieabbau bis zur steuerlichen Forschungsförderung. Wir dürfen auch die Unternehmen durch immer mehr Regulierung nicht so drosseln, dass ihre Investitionstätigkeit zum Erliegen kommt.

Das ist ein klarer Appell an die Europäische Kommission.
Die Frage nach einem investitionsfreundlicheren Wettbewerbsrecht in Europa ist natürlich ein Appell an die Kommission. Die EU-Kommission redet sonntags gern von Reindustrialisierung, was ein durchaus richtiges Ziel ist. Aber von Montag bis Samstag wird dann das Gegenteil gemacht, indem neue Bürokratiemonster

wie das „Made in“-Labeling erdacht werden oder eine noch nicht einmal richtig in Gang gesetzte scharfe CO_2-Regulierung der Automobilindustrie bereits durch eine Debatte über noch schärfere Regulierungen überholt wird. Was wir dringend in der EU brauchen, ist mehr Gleichklang aller 28 Kommissare für gemeinsame Ziele. Und die Ziele müssen Wachstum und Reindustrialisierung lauten. Denn wenn auf Dauer so viele Menschen ohne Arbeit und Einkommen bleiben, wird das Europa zerstören. Europa lebt nicht davon, dass sich die Finanzmärkte und Banken bei uns wohl fühlen, sondern nur, wenn die Menschen das Versprechen auf Frieden und sozialen Wohlstand im Alltag auch erleben.

Der neue Kommissionspräsident will jedenfalls mehr Geld für Investitionen auftreiben. Und da ist jetzt die Idee aufgetaucht: Da gibt's ja den ESM, den Europäischen Stabilitätsmechanismus, auch Rettungsschirm genannt. Der hat ein Stammkapital, eingezahlt wurden 80 Milliarden, 21,7 von den Deutschen, insgesamt verfügt er theoretisch über 750 Milliarden, da könnte man ja was herausholen.

Dafür müsste man den ESM-Vertrag und in Deutschland – und ich vermute in anderen Mitgliedsstaaten auch – das entsprechende Gesetz ändern. Dafür sehe ich gegenwärtig keine Mehrheiten. Und den Rettungsschirm jetzt sozusagen zu „plündern“, wäre auch das falsche Signal. Der Rettungsschirm hat entscheidend zur Beruhigung der Finanzmärkte beigetragen und auch dazu, dass sich die Krisenstaaten zu erträglichen Konditionen Geld leihen konnten. Wenn wir jetzt die Gelder für andere Dinge nutzen, wird der Rettungsschirm kleiner – möglicherweise mit der Folge von sinkendem Vertrauen in seine Wirksamkeit. Im Ergebnis zahlen die europäischen Krisenstaaten wieder höhere Zinsen und haben weniger Geld für Bildung und Zukunftsinvestitionen. Ich finde es aber richtig, dass der neue Kommissionspräsident Juncker es allem Anschein nach ernst damit meint, das Wachstum in Europa durch erhöhte Investitionen anzukurbeln.

Steuerpolitik

Die nächste Variante wäre, höhere Schulden zu machen. Wenn man mehr Schulden macht, kann man mehr investieren, diesbezügliche Forderungen kommen gerade aus der Sozialdemokratie und von Gewerkschaften, und zwar in verschiedenen EU-Ländern.
Ich mach mal einen anderen Vorschlag: Wie wäre es denn, wenn wir mal aufhören würden, einen ruinösen Steuersenkungswettbewerb in Europa zu führen? Wie wäre es denn, wenn wir anfangen würden, Mindestbesteuerung einzuführen, damit nicht große Konzerne wie Google oder Amazon Milliarden in Europa verdienen, aber nur ein, zwei Prozent Steuern in Europa zahlen? Jeder Bäckermeister in Berlin zahlt höhere Steuersätze als diese Konzerne. Das ist nicht nur äußerst sozial ungerecht, es kostet Europa auch unglaublich viel Geld. Schätzungen zufolge eine Billion Euro. Wenn wir nur 10 oder 20 Prozent davon durch eine faire Mindestbesteuerung und gemeinsame Bemessungsgrundlagen einnehmen würden, hätten wir viel Geld für Bildung und Investitionen und könnten sogar für die normalen Arbeitnehmer und den Mittelstand noch die Steuern senken.

Guter Punkt, aber warum lassen sich die Europäer das gefallen?
Weil offensichtlich der kleine nationale Vorteil eines einzelnen Mitgliedsstaates, in dem es extrem niedrige Unternehmenssteuern gibt, für manchen schwerer wiegt als das europäische Gesamtinteresse. Was wir erleben, ist doch, dass in Teilen Europas Konzerne angelockt werden, mit dem Hinweis darauf, bei uns musst du keine oder nur marginale Steuern zahlen.

Und dann kommen noch nationale Förderungen dazu, wobei Unternehmen dann wieder weiterziehen, sobald diese Förderungen auslaufen, auch hier gibt es einen stupiden Wettbewerb innerhalb der EU.

Und die Pointe ist: Diese Förderungen kommen häufig aus EU-Mitteln. Sie werden in letzter Konsequenz also von anderen Staaten bezahlt, die höhere Steuersätze haben. Wenn es uns nicht gelingt, den Steuerdumping-Wettlauf zu durchbrechen, dann sehe ich schwarz für Europa. Das gilt übrigens auch für die Besteuerung der Finanzmärkte und die Finanztransaktionssteuer.

Aber Herr Gabriel, das führt ja wirklich zur Frage: Was kann Politik überhaupt noch? Sie selbst reden vom Einfluss großer US-Konzerne, von einflussreichen Lobbyisten.
Das ist nicht die Frage von Können, das ist eine Frage von Wollen!

Warum wollen die Staaten der EU nicht?
Wegen des kleinlichen nationalen Vorteils, den sich einzelne Staaten erhoffen. Deshalb müssen wir die Bürgerinnen und Bürger Europas für eine faire Besteuerung gewinnen, um politische Mehrheiten zu schaffen.

Aber Konservative und Christdemokraten wollen doch, dass das Geld in Europa bleibt und nicht nach Amerika geht, das kann ja kein Unterschied zwischen rot und schwarz sein!
Ich wäre froh, wenn Sie recht hätten. Der Unterschied zwischen uns Sozialdemokraten und den Konservativen und Neoliberalen liegt darin, dass sie in der Regel bei der Steuerpolitik wesentlich zurückhaltender sind. Die Tatsache, dass die Niederländer extrem niedrige Steuern haben, dass Irland extrem niedrige Steuern hat, führt aus Sicht von Konservativen und Neoliberalen zu einem wünschenswerten Steuersenkungswettbewerb nach unten. Mindestens führt es aus Sicht dieser politischen Kräfte dazu, dass in den anderen Ländern die Steuern nicht steigen. Der Steuersenkungswettbewerb nach unten ist für die demokratische politische Rechte etwas Positives, weil es ihnen hilft, Steuern in ihrem eigenen Land nicht steigen zu lassen. Ich wäre auch nicht dafür, jetzt den

vermutlich auch völlig untauglichen Versuch zu unternehmen, in Europa einheitliche Steuersätze einzuführen. Aber wir müssen uns erstens verständigen, was wir überhaupt besteuern, und zweitens müssen wir Minimalsteuersätze einführen. Das würde einerseits diesem Steuerdumpingwettbewerb nach unten eine Grenze setzen und zweitens müsste es den Konservativen eigentlich die Angst nehmen, dass es gar keinen Wettbewerb um Steuern mehr gibt. Der soll ja durchaus weiter existieren, aber eben in Bandbreiten, die nicht so ruinös sind wie heute.

Es ist aber interessant, dass das konservativ-liberal regierte Großbritannien deutlich höhere Vermögenssteuern hat als das schwarz-rot regierte Deutschland zum Beispiel.

Ja, das ist aber nur ein Ausschnitt. Dafür gibt es andere Steuern und Sozialabgaben, die wir kennen, in viel geringerem Umfang. Ich nenne mal ein weiteres Beispiel: Sie werden sehen, dass die Sozialabgaben in Skandinavien geringer sind als in Deutschland. Das liegt aber daran, dass die sozialen Sicherungssysteme in Skandinavien über Steuern finanziert werden. Und sie haben extrem hohe Mehrwertsteuersätze – in anderen Ländern sind sie deutlich geringer. Sie können sich nicht immer eine Steuerart aussuchen, Sie müssen vielmehr schauen, wie die Gesamtbelastung von Steuern und Abgaben ist.

Schon, aber die Einkommenssteuern sind in Ländern, wo es Vermögenssteuern gibt, durchwegs geringer. Ist es nicht sinnvoll, wenn die Einkommenssteuern geringer sind, aber dafür Vermögen besteuert wird?

Auch da wäre ich mit solchen pauschalen Behauptungen vorsichtig. Oftmals sind die formalen Steuersätze in einigen Ländern hoch, aber die Möglichkeiten, sich davon befreien zu lassen, auch. Der Vergleich der Steuersysteme ist nicht ganz einfach. Und bei der Vermögenssteuer geht es vor allem um die Frage: Wie behandeln Sie eigentlich Betriebsvermögen? Um nicht Gleiches ungleich zu behandeln, müssen Sie sowohl Geldvermögen besteuern als auch das Vermögen, das jemand in sein Unternehmen gesteckt hat. Wenn ich aber das Betriebsvermögen besteuere, muss ich aufpassen, nicht Unternehmen zu beschädigen und noch in die Hände von Banken zu treiben, weil ich das Eigenkapital reduziere. Da hängen dann Arbeitsplätze dran. Es ist sehr schwierig und vermutlich unmöglich, eine realistische Unterscheidung zu finden, die vor der deutschen Verfassungsgerichtsbarkeit Bestand hätte. Bei einer Vermögenssteuer auf Betriebsvermögen würde ich auf keinen Fall mitmachen. Damit bestrafen wir steuerlich etwas, was wir volkswirtschaftlich brauchen: eine starke Eigenkapitalbasis der Unternehmen. Wenn jemand sein Geld im Unternehmen lässt, müssen wir ihn dafür belohnen und nicht bestrafen. Und das sage ich als jemand, der in der Vergangenheit sehr für Vermögensbesteuerung eingetreten ist.

Da läuft ja in Bezug auf die Erbschaftssteuer gerade eine Diskussion. Interessant ist daran, dass die Erbschaftssteuer ja so aufgesetzt ist, dass man nichts bezahlt, wenn das Geld im Unternehmen verbleibt. Wenn man es rausnimmt, muss man es versteuern, dazu wird sich das Bundesverfassungsgericht ja äußern.
Ich kann nur hoffen, dass das Verfassungsgericht die geltende Regelung bestätigt, weil ich das für eine sehr intelligente Lösung halte. Lass das Geld im Betrieb, dann wirst du nicht besteuert. Ziehst du es raus und machst damit andere Dinge, wirst du steuerpflichtig. Das finde ich eine kluge Unterscheidung.

Das könnte man bei Vermögenssteuern nicht auch machen?
Da haben wir ja gerade ein Urteil kassiert, das genau dies abgelehnt hat. Deswegen glaube ich, dass wir – ich rede noch immer über Deutschland –, dass wir da ganz schnell an die Grenzen der deutschen Verfassungsgerichtsbarkeit kommen. Ich würde gerne noch

ein Argument dazunehmen: Was wir über eine Vermögenssteuer einnehmen könnten, ist fast schon eine homöopathische Dosis gegenüber dem, was wir durch einen Mindeststeuersatz und eine gemeinsame Bemessungsgrundlage in Europa bekommen würden. Noch einmal: Wir verlieren europaweit durch Steuerbetrug und legales Steuerdumping rund eine Billion. Das ist der wirklich dicke Fisch! Es muss doch endlich mal Schluss damit sein, dass wir den kleinen und mittleren Unternehmen die Steuern erhöhen, während die ganz großen sich davor drücken können.

Wenn sie sie bezahlen. Denn es gibt ja auch Schwarzarbeit.
Das ist kein Argument. Nur weil es trotz Polizei Diebstähle gibt, ändere ich doch nicht das Strafgesetzbuch.

Klar, über Pfusch wird wenig geredet. Aber Sie legen Ihr persönliches Einkommen seit Jahren offen, ohne dazu verpflichtet zu sein. Zuletzt waren das ungefähr 12.500,– Euro netto pro Monat, 12 Mal im Jahr. Das ist für einen Normalverdiener sehr viel Geld, für den Vorstand eines auch nur mittleren Unternehmens ist es wenig.
Ich lege mein Einkommen seit Jahren offen, weil ich mich einerseits dafür nicht schäme, andererseits jeder Bürger und jede Bürgerin das Recht hat zu wissen, wie viel und woher ihre Volksvertreter ihr Geld bekommen. Aber natürlich haben Sie recht: Für meine Mutter und meine Schwester, die beide im Krankenhaus gearbeitet haben, habe ich ein exorbitant hohes Gehalt. Für einen Abteilungsleiter eines großen deutschen Unternehmens ist das gleiche Gehalt nicht besonders viel.

Steuergerechtigkeit

Ich will die Frage des Einkommens weiterentwickeln, nämlich zur Frage der Gerechtigkeit – das ist ein sozialdemokratischer Grund-

wert: Wie gerecht können Einkommen überhaupt sein und wie kann man mit Steuern Gerechtigkeit herstellen?
Mit Steuern sorgen Sie dafür, dass der Staat ausreichend Geld hat, um beispielsweise in Bildung zu investieren und damit Menschen eine bessere Chance zu geben. Das ist eine Frage von sozialer Gerechtigkeit. Umverteilung ist notwendig. Menschen, die viel oder sehr viel verdienen wie ich, sollen höhere Steuern zahlen. Niemand wird allein durch eigene Leistung wohlhabend, sondern immer gehört ein Land dazu, in dem Bildung und Ausbildung für qualifizierte Arbeitskräfte sorgen, die Infrastruktur gut ist, Forschung finanziert wird und soziale und öffentliche Sicherheit existieren. Das alles ist doch die Voraussetzung dafür, dass Einzelne die Chance haben, mit ihren Ideen und ihrem besonders großen Engagement auch sehr wohlhabend zu werden. Niemand sollte aber vergessen, wie viel die Allgemeinheit dazu auch beigetragen hat. Deshalb müssen Wohlhabende auch mehr mithelfen, diese Voraussetzungen zu erhalten. Steuern nutzen wir, damit auch in Zukunft in Bildung und soziale Sicherheit investiert wird. Insofern sind Steuern immer ein Baustein für eine gerechte Gesellschaft. Ich glaube aber, dass man nicht außer Acht lassen darf, dass für den Einzelnen nicht die Steuer das Interessante ist, sondern sein Einkommen und wie viel ihm davon in Summe weggenommen wird. Die Ungerechtigkeit war in Deutschland über viele Jahre, dass Menschen für gute Arbeit schlechtes Geld bekommen haben. Deshalb ist es so wichtig, dass wir im letzten Jahr endlich einen deutlichen Anstieg der Realeinkommen haben.

Das ist aber hier, wie auch in Österreich, Sache der Tarifpartner.
Das ist eine Sache der Tarifpartner. Aber der Gesetzgeber kann Regeln dafür schaffen. Das ist uns etwa mit der Einführung des gesetzlichen Mindestlohns endlich gelungen. Und wir werden auch Leih- und Zeitarbeit wieder auf das begrenzen, wofür sie da sind, nämlich Flexibilität für Unternehmen zu schaffen – nicht aber um

feste Arbeitsplätze zu vernichten und dafür befristete, schlecht bezahlte zu schaffen. Da hat die Politik auch eine Verantwortung. Die wichtigste Frage, wenn man will, dass es Menschen besser geht, ist am Ende nicht die Steuerpolitik, sondern ein sicherer Arbeitsplatz und ob sie für harte Arbeit auch guten Lohn verdienen. Nur daraus entstehen übrigens auch sichere Renten.

Reindustrialisierung

Dafür brauchen wir zunächst leistungs- und wettbewerbsfähige Unternehmen, gerade auch in der Industrie. Wir haben aber die Diskussion über eine Reindustrialisierung in Europa. Bis 2020 soll die Industriequote wieder 20 Prozent betragen. Ist das realistisch? Mit welchen Unternehmen schaffen wir diese Quote, und wo in Europa soll und kann sich wieder mehr Industrie ansiedeln?

Zuerst einmal will ich sagen, was Deutschland und Österreich richtig gemacht haben. Genauer, was in beiden Ländern sozialdemokratische Bundeskanzler richtig gemacht haben. Um die Jahrtausendwende war es modern, zwischen New und Old Economy zu unterscheiden. Uns ist der Ratschlag gegeben worden, unter anderem aus Großbritannien und den USA: Vergesst doch die Industrie und die Produktion, das machen andere Länder in Zukunft besser und vor allem billiger! Setzt auf Finanzmärkte und auf Dienstleistungen! Es gibt ganz wenige Länder in Europa, die diesen Fehler nicht gemacht haben. Dazu gehören Deutschland und Österreich, wo sozialdemokratische Kanzler das verhindert haben. Es geht nie um Old oder New Economy, es geht um die Next Economy. Innovationen müssen in die vorhandene Produktions- und Dienstleistungsstruktur integriert werden und daraus die nächste Stufe von Wertschöpfung und Produktivität schaffen. Dass Deutschland und Österreich die Industrie nicht haben verkommen lassen, ist der Grund, warum wir schneller und besser aus der Finanzkrise rausgekommen sind. Viele andere Länder – Großbritannien gehört dazu – haben uns damals verlacht. Heute beneiden sie uns um unseren Industriebestand. Der ist in Deutschland übrigens fast doppelt so hoch wie in den Vereinigten Staaten. Ich finde, das muss man mal festhalten. Manchmal klingen Trends unglaublich modern und in Wahrheit stellt man ein paar Jahre später fest, Gott sei Dank sind wir dieser Mode nicht gefolgt.

Darf ich hier Jeremy Rifkin zitieren, der wieder eine Prognose für die Zukunft hat, von der digitalen Vernetzung der Unternehmen spricht, die künftig weniger Arbeitnehmer brauchen werden?
Ich glaube, dass Länder wie Deutschland oder Österreich, die zu den Ausrüstern der Industrialisierung der Welt gehören, mit der Digitalisierung eine große Chance haben. Wenn sie die Digitalisierung der Industrie, Industrie 4.0, annehmen und versuchen, daraus etwas zu machen. Das ist doch seit fast 200 Jahren das, was wir besser als viele andere können: Eben nicht in „New" oder „Old" Economy zu teilen, sondern die neuen Verfahren in die vorhandene Produktions- und Dienstleistungsstruktur integrieren und daraus neuen wirtschaftlichen, sozialen und kulturellen Fortschritt entwickeln.

Ja, aber Industrie 4.0, das heißt digitale Vernetzung von Unternehmen, das heißt aber auch Verlust von Arbeitsplätzen.
Nicht zwingend. Zum einen müssen beispielsweise stärker vernetzte Produktionsanlagen ja auch entwickelt und gebaut werden. Zum anderen entstehen völlig neue Jobs in Bereichen, von denen wir heute noch gar keine Vorstellung haben. Außerdem: Die Unternehmen leiden doch in den kommenden Jahren massiv unter der demografischen Entwicklung. Weniger junge Menschen werden unsere Schulen verlassen und der Fachkräftemangel ist ja längst in vollem Gange. Die Digitalisierung und Vernetzung der Industrie wird die Produktivität nochmals deutlich steigern. Für die Unter-

nehmen hat das den Vorteil, dass sie einen Teil der Arbeitnehmer, die jetzt in Rente gehen, nicht mehr neu besetzen müssen. Da ohnehin zu wenig junge Leute da sind, führt das gerade nicht zu neuer Arbeitslosigkeit. Die Unternehmen beginnen doch längst, ihre Personalentwicklung darauf auszurichten, dass sie nicht so viele Menschen brauchen wie heute, weil sie die gar nicht mehr finden. Die Arbeit geht uns nicht aus. Ganz im Gegenteil. Länder wie Deutschland und Österreich haben große Chancen mit ihrer Industrie. Die Europäische Union muss das 20-Prozent-Ziel verfolgen. Wichtig ist aber vor allem, dass die Europäische Union auch eine konsistente Politik macht.

EU-Bürokratie

Sie singen jetzt das populäre oder gar populistische Lied, die Kommission ist zu weit weg von den Bürgern.
Nein, ich singe das Lied, dass die Kommission konsistenter arbeiten muss. Ich glaube, dass es richtig ist, dass der neue Kommissionspräsident eine Art Kollegium von Vizepräsidenten schafft, die darauf achten, dass die Arbeit der Kommissare aufeinander abgestimmt ist. Eigentlich müssten wir die Anzahl der Kommissare reduzieren.

Würden die Deutschen auf einen verzichten?
Ja, selbstverständlich müssten wir das dann auch. Wir können ja nicht sagen, weniger Kommissare, aber Deutschland hat immer einen.

Die Nettozahler haben immer einen, könnte man sagen.
Wir sind keine Nettozahler, sondern Nettogewinner. Es ist ein Ammenmärchen, dass Deutschland der Lastesel der Europäischen Union sei. Ja, wir zahlen mehr Steuern nach Brüssel, als wir von

dort an Förderprogrammen zurückbekommen. Aber das ist doch nicht mal die Hälfte der Rechnung. Denn Deutschland verkauft viel mehr Produkte in die Europäische Union, als es einkauft. Anders wird man nicht Exportweltmeister. Das aber bedeutet, dass wir mehr Geld aus der EU hereinbekommen, als wir in die EU investieren. Wir sind also Gewinner. Und wenn es der EU dauerhaft schlecht geht, wenn die Menschen in Süd- und Westeuropa arbeitslos bleiben, dann werden sie sich die deutschen Produkte nicht mehr leisten können. Wenn Europa verliert, verliert auch Deutschland. Und ich vermute, für Österreich sieht es nicht anders aus. Die dummen Sprüche von FPÖ oder AfD gegen Europa können diese Parteien doch nur klopfen, weil sie selbst in sicheren Jobs sind. Facharbeiter und Angestellte, die auf den wirtschaftlichen Erfolg ihrer Unternehmen in Europa angewiesen sind, haben diese Sicherheit nicht. FPÖ und AfD sind mit ihrer antieuropäischen Politik echte Jobkiller-Parteien.

Ja, was brauchen wir? Welche Ressorts brauchen wir?
Keiner käme auf die Idee, es müssten 28 Ressorts sein – keiner. Das erklärt sich nur aus der Entstehungsgeschichte der EU. Worauf ich aber hinaus will: Es ist wichtig, dass nicht einer für Industriepolitik zuständig ist und 27 andere machen das Gegenteil. Ein anderer Punkt sind die Energiepreise. Die Energiepreise sind der größte Wettbewerbsnachteil der europäischen Industrie im internationalen Wettbewerb. Wenn die Arbeitskosten in den 1990er Jahren das Problem waren, dann können wir heute feststellen, wir haben enorme Produktivitätsfortschritte gemacht. Das ist nicht mehr das Thema. Aber die Energiepreise sind hier doppelt so hoch wie in den USA. Und das liegt nicht daran, dass die Fracking machen, sondern an den Steuern und Abgaben, die wir in Europa auf Energie erheben. Das kennt man in den USA gar nicht. Das zu analysieren heißt aber noch nicht, dass wir eine schnelle Lösung haben. Denn die Steuern und Abgaben sind Bestandteile

der Staatsfinanzierung. Wenn ich von der inzwischen gefährdenden Energiepreisentwicklung weg will, dann werde ich einen Teil dieser Belastungen reduzieren müssen. Wenn ich aber gleichzeitig noch Geld haben will für Bildung, Infrastruktur und Breitbandausbau, dann muss ich mich fragen, woher es kommen soll. Und deshalb gibt es einen eminenten Zusammenhang zwischen der Reduktion dieser riesigen Energiekosten und einer fairen Besteuerung in Europa.

Gut, aber wenn es um eine faire Besteuerung in Europa geht, da muss man die Frage stellen, ob Jean-Claude Juncker der richtige Kommissionspräsident zur Umsetzung dieser Ideen ist. Er kommt aus Luxemburg, einem Land, das besonders vom Steuerdumping lebt, er war dort lange Regierungschef. Ist er der Richtige, jetzt, in dieser Zeit?
Ich bin Sozialdemokrat und ich glaube ja an die Emanzipationsfähigkeit des Menschen.

Es gibt ja Leute, die sagen, dass Juncker von seiner Einstellung auch eher Sozialdemokrat ist.
Luxemburg hatte ein gewisses Geschäftsmodell, hat es aber in den letzten Jahren auch nicht mehr als entwicklungsfähig angesehen. Ob Juncker das nun mitmacht oder nicht, am Ende kommen wir doch um eine kohärentere Steuerpolitik in Europa nicht herum, wenn wir so gewaltige Aufgaben wie die Schaffung von Wachstum oder Senkung der Energiepreise lösen wollen.

Energie- und Umweltpolitik

Bleiben wir bei der Energie, wo der Wettbewerbsvorteil der Amerikaner wegen der geringeren Preise offensichtlich ist. Wolfgang Eder, der Chef der Voest-Alpine, eines besonders erfolgreichen österreichi-

schen Unternehmens, hat erst kürzlich auch in der FAZ gewarnt, er werde künftig in den USA investieren, wenn sich die Standortbedingungen in Europa nicht verbessern. Die Voest ist übrigens auch deswegen interessant, weil sie als Staatsunternehmen pleitegegangen ist und jetzt als Privatunternehmen besonders erfolgreich auf dem internationalen Markt ist.

Wir sind den umgekehrten Weg gegangen. Das – historisch gesehen – „Schwester-Unternehmen" der Voest-Alpine ist die Salzgitter AG in Deutschland. In der Stahlkrise der 1990er Jahre hat der damalige niedersächsische Ministerpräsident Gerhard Schröder die Salzgitter AG verstaatlicht. Im Ergebnis hat das Land daran Geld verdient, die AG stand blendend da und ist auch heute noch ein sehr erfolgreiches Unternehmen mit einem staatlichen Anteil. Die Voest ist den anderen Weg gegangen, den der Privatisierung, und steht jetzt auch gut da. Was zeigt, dass es am Ende nicht immer auf die Frage ankommt, wer der Eigentümer ist, sondern ob Management und Arbeitnehmer gut und engagiert zusammenarbeiten.

Aber zurück zur Voest. Deren Chef Wolfgang Eder ist ein leidenschaftlicher Verfechter der Industrie Europas. Aber er sagt auch, dass es für die Industrie immer schwieriger wird. Er hat in den nächsten Jahren langfristige Investitionsentscheidungen zu treffen und ihn bewegen zwei Punkte: 1. Energie und 2. Umweltthemen. Wenn sich da in Europa nichts verändert, dann kann er die Verantwortung seinen Aktionären gegenüber, wobei die Mitarbeiter auch welche sind – es gibt auch eine Mitarbeiterstiftung –, nicht mehr übernehmen und wird vielleicht nicht mehr in Europa, sondern eher in den USA investieren.

Ja, das ist auch so. Vor kurzem haben 60 Vertreter der deutschen und europäischen Stahl- und Automobilindustrie einen Appell an die deutsche Bundesregierung gerichtet, bei der Entscheidung der neuen Klimaschutzziele der Europäischen Union darauf zu achten, dass die Wettbewerbsfähigkeit der Stahl- und Automobilindustrie nicht ruiniert wird. Dieser Appell ist berechtigt. Um nicht missverstanden zu werden: Wir wollen Klimaschutz! Aber erstens haben Sie im modernen Stahlwerk irgendwann physikalische Grenzen der CO_2-Vermeidung. Dann können Sie CO_2 nur noch reduzieren, indem Sie weniger Stahl produzieren. Und das zweite ist, solange wir nicht ein internationales Level-Playing-Field im Klimaschutz haben, können Auflagen für energieintensive Unternehmen, die im internationalen Wettbewerb stehen, bedeuten, dass Investitionen einfach verlagert werden. In Länder, in denen solche Auflagen nicht existieren.

Wo eher mehr CO_2 emittiert wird?
Wo dann im Zweifel sogar mehr emittiert wird, weil man da auch alte Anlagen hat, die wir in Europa nicht haben. Deswegen haben wir in Europa Regeln geschaffen, wonach im internationalen Wettbewerb stehende energieintensive Industrien von den europäischen Klimaschutzauflagen freigestellt sind, wenn sie über State-of-the-Art-Technologie verfügen. Das betrifft zum Beispiel die Stahlindustrie. Ich glaube, dass wir diese Regelungen auch in Zukunft brauchen. Und das Gleiche gilt für die Automobilindustrie. Wir haben gerade bis 2020 scharfe Grenzwerte für die europäische Automobilindustrie gesetzt. Im Jahr 2015 soll das einsetzen. Das Jahr hat noch nicht mal begonnen und schon beginnt in der Europäischen Kommission die Debatte darüber, was man als Nächstes macht. Statt mal zwei, drei Jahre zu warten und zu sehen, wie die gerade verschärften Regeln eigentlich wirken.

Also Sie meinen, da sind wir beim Umweltschutz zu ehrgeizig, oder die Kommission ist zu ehrgeizig?
Ich bin für Ehrgeiz im Umweltschutz, aber er muss auch effizient sein. Und bei uns die letzten kaum noch messbaren Verbesserungen durchzusetzen und damit die Unternehmen in andere Länder

zu treiben, wo die Auflagen weit niedriger sind, ist nicht effizient. Wir brauchen eine kohärentere Politik, wenn wir uns das Ziel Reindustrialisierung setzen. Übrigens auch, damit wir in Europa das Geld verdienen, das wir ohne jeden Zweifel in den Umweltschutz investieren müssen. Wir müssen aufpassen, dass nicht die eine Regel die andere überholt. Unternehmen brauchen auch Zeit, ihre Produkt-, Forschungs- und Entwicklungszyklen anzupassen, damit sie nicht zu teuer werden. Und zu teuer heißt immer: entweder die Beschäftigten zahlen dafür durch niedrigere Löhne, Gehälter oder unsichere Arbeitsplätze, oder man verlagert Teile davon. Ich bin für Regulierung. Gerade im Umweltbereich. Ich bin überhaupt nicht dafür, dass wir uns auf Selbstverpflichtungen zurückziehen. Aber wir müssen schon schauen, wie die internationale Wettbewerbslage aussieht und wie Unternehmen es schaffen können, die Ziele und Grenzwerte, die wir setzen, auch zu erreichen. Und da habe ich den Eindruck, dass die Europäische Union manchmal das Augenmaß verloren hat.

Aber Faktum ist auch, dass wir die Ressourcen unserer Erde gerade dreimal verbrauchen.
Ja, deshalb haben wir auch zum Beispiel die Automobilindustrie zu drastischen Senkungen von CO_2 gezwungen. Die Frage ist doch nur, ob wir jetzt nicht mal ein paar Jahre mit dieser Verschärfung Erfahrungen machen sollten, bevor wir die nächste vornehmen. Statt dort überzuregulieren, bin ich übrigens der Meinung, dass es eine Katastrophe ist, dass wir das Europäische Emissionshandelssystem so haben verkommen lassen.

Aber gibt es ein sinnvolles Handelssystem für Emissionen?
Natürlich. Aber es funktioniert gegenwärtig nicht. Erstens haben wir viel zu viele Zertifikate reingegeben. Zweitens haben wir kein intelligentes System, bei dem Zertifikate aus dem Handel genommen werden, wenn eine Wirtschaftskrise da ist, oder

in einer Boom-Phase Zertifikate reingegeben werden. Wir sind völlig unflexibel. Man kann das System verbessern. Nur damit ich nicht falsch verstanden werde: Ich bin nicht dafür, dass man vom Klimaschutz oder den Zielsetzungen abrückt. Aber wir reden bei der Stahl-, Chemie- sowie der Grundstoffindustrie und bei der Automobilindustrie in Europa über den vermutlich weltweit bestentwickelten und fortschrittlichsten Industriezweig, auch was den Klimaschutz angeht. Die müssen schon auch mal die Chance haben, eine geschaffene Regel umzusetzen, bevor man mit der nächsten Regel die gerade erst beschlossene überholt.

Zurück zur Energie, zur Energiewende. Großes Thema, gerade in Deutschland. Es sah so aus, als wäre die Atomgeschichte vorbei, und da fördert die EU wieder ein AKW, nämlich in Großbritannien.

Als mir früher Leute erzählt haben, überall auf der Welt würden Atomkraftwerke neu gebaut, habe ich immer gesagt: Seid ganz beruhigt. Die Atomenergie stirbt in Europa und in demokratischen Systemen schon deshalb aus, weil sie zu teuer ist. Jährlich werden in Europa mehr Atomkraftwerke geschlossen als neue gebaut. Und dort, wo Atomkraftwerke gebaut werden, erfolgt das nur, wenn Steuergelder dafür eingesetzt werden. Und das finde ich dann schon einigermaßen skandalös. Marktwirtschaftlich hätte die Atomenergie nirgendwo eine Chance. Nur wenn der Staat sie subventioniert und am Ende alle Risiken trägt, ist Atomenergie bezahlbar. Und das ist völlig unnötig, denn es gibt ja Alternativen, die keinen radioaktiven Abfall produzieren. Wir haben in Europa nirgendwo funktionierende Endlager, die Atomenergie auszubauen ist so ein bisschen wie ein Flugzeug zu starten, ohne zu wissen, ob es irgendwo eine Landebahn gibt. Ich halte das für unverantwortlich und das schafft auch keine Arbeitsplätze. In Deutschland hatten wir in Hochphasen rund 30.000 Beschäftigte in der Kernenergie. Wir haben jetzt im Bereich der Erneuerbaren schon 300.000.

Die Deutschen zahlen sehr viel für Energie, 22 Milliarden Euro extra durch die Energiewende. Müssen die Bürger dafür zahlen, dass Industriestrom billiger wird?
Ja, auch bei den erneuerbaren Energien ist es so wie bei allen anderen neuen Produkten: Am Anfang muss man investieren, um später die Rendite einzusammeln. Unsere Kinder und Enkel werden sich über unsere Anfangsinvestition freuen, weil wir ihnen eine sichere und heimische und noch dazu saubere Energie hinterlassen statt immer mehr CO_2 oder Atommüll. Und was die Behauptung angeht, die Verbraucher würden für die Industrie zahlen, rate ich auch zur Vorsicht mit solchen Behauptungen. Sie hören sich gut an, stimmen aber nicht. Wir haben in Deutschland 45.000 Unternehmen, von denen sind 2000 weitgehend oder vollständig befreit von der EEG-Umlage. Die deutsche Wirtschaft trägt etwas mehr als die Hälfte der Kosten von 22 Milliarden Euro, nämlich ca. 12 Milliarden. Davon trägt die Industrie rund 7,4 Milliarden Euro. Man kann folglich nicht sagen, die Verbraucher zahlen das. Ich könnte diese 2000 Unternehmen auch noch belasten, dann würde ein dreiköpfiger Haushalt in Deutschland im Jahr rund 50 Euro sparen: Gleichzeitig hätten wir vermutlich ein paar 100.000 Arbeitsplätze in der Industrie weniger. Da geht es nicht nur um große Unternehmen, sondern auch um eine Papierfabrik mit 250 Leuten, die dann statt 450.000 Euro EEG-Umlage fast 6 Millionen Euro bezahlen müsste. Die Firma ginge mit Sicherheit pleite und die Leute stünden auf der Straße. Deswegen finde ich dieses Ausspielen von Verbrauchern gegen Industrie – wie es in Deutschland die Grünen und die Linkspartei tun – ziemlich unklug. Zumal wir lediglich 2000 Unternehmen befreien, die energieintensiv sind und im internationalen Wettbewerb stehen. Mir wäre es lieber, wir hätten weltweit die gleichen Standards. Dann bräuchte man das nicht machen, aber solange wir die nicht haben, müssen wir schon aufpassen, dass wir unsere Industriebetriebe nicht an die Wand fahren.

Wie realistisch ist denn aus Ihrer Sicht diese schöne, fantastische Vorstellung, jedes Haus ist ein Kraftwerk, wir verbinden uns untereinander, die wunderbare digitale Vernetzung?
Natürlich wird es das geben, aber weder sofort noch sofort für alle. Natürlich sind Smart Grids, Smart Metering und Smart Houses fantastische Möglichkeiten, die Energieeffizienz zu steigern. Die Energieeffizienz ist ohnehin der schlafende Riese der europäischen Energiepolitik. Allerdings fängt das nicht bei Hightech an, sondern mit was ganz Einfachem. Wir heizen in Deutschland bei hunderttausenden Wohnungen im Winter mehr die Vorgärten als die Wohnzimmer, weil die schlecht isoliert sind. Das bestlaufende Konjunkturprogramm in der Krise war das zur Gebäudesanierung. Stellen Sie sich das einmal europaweit vor, wie viele Arbeitsplätze wir im Handwerk und in der Dämmstoffindustrie schaffen könnten. So stelle ich mir ein intelligentes Wachstumsprogramm vor. Einfach nur Geld irgendwo hineinzuschütten verbessert die Wettbewerbsfähigkeit Europas nicht. Energieverbrauch senken, Breitband ausbauen, in die Bildung investieren, jungen Leuten Aufstiegsmöglichkeiten bieten. Das sind Wachstumsinvestitionen, die die Wettbewerbsfähigkeit des Kontinents stärken.

Bildungs- und Sozialpolitik

Und die den Sozialstaat finanzieren. Wobei es hier ja wachsende Skepsis gibt, auch in der Sozialdemokratie. Peer Steinbrück hat in seinem Buch „Unterm Strich" vor seiner Kanzlerkandidatur geschrieben: „Der Sozialstaat heutigen Zuschnitts gerät auf Dauer sowohl in eine Leistungskrise als auch Legitimationskrise."
Ich glaube, dass zum Sozialstaat nicht nur traditionelle und unverzichtbare Sicherungssysteme wie Renten-, Kranken- und Arbeitslosenversicherung gehören. Der Kern des Sozialstaats besteht darin, Menschen zu befähigen, nicht in Abhängigkeit von staatlichen

Leistungen zu geraten. Die beste Investition ist die in Bildung. Wir nennen das den vorsorgenden Sozialstaat. Wir dürfen uns nicht nur darauf konzentrieren, was passiert, wenn jemand arbeitslos wird, sondern wir müssen verhindern, dass er arbeitslos wird. Deshalb müssen wir in sein Know-how möglichst von Kindesbeinen an investieren, damit Menschen erst gar nicht in diese Gefahr geraten und ihr Leben selber gestalten können.

In Österreich gibt es ja erschreckende Zahlen, dass ungefähr 10.000 Jugendliche pro Jahr aus der Schule rausgehen, ohne Abschluss, ohne Ausbildung, ohne Lehre. Das ist der direkte Weg in die Abhängigkeit oder gar in die Kriminalität. Ist das hier ähnlich?
Ja, wir haben auch in Deutschland eine immer noch viel zu hohe Schulabbrecherquote. Und was mir noch mehr Sorgen macht: Viele junge Leute setzen gar nicht mehr auf das exzellente berufliche Bildungssystem Deutschlands, um das uns ja viele Länder beneiden, auf die duale Ausbildung. Sondern sie gehen an die Uni oder Fachhochschule, weil sie glauben, nur mit einem Studium ein gutes Leben führen zu können, und da haben wir hohe Abbrecherquoten. Und dann stehen nach ein paar Jahren die jungen Leute da, ohne irgendwas in der Hand zu haben.

Müsste es dann Zugangsbeschränkungen an Unis und Fachhochschulen geben?
Nein, ich bin dafür, dass wir mehr dafür tun, die Gleichwertigkeit beruflicher und akademischer Bildung stärker zu entwickeln. Wir reden zum Beispiel in Deutschland über die Erhöhung des Bafögs für Studierende, also die staatliche Ausbildungsförderung. Ich finde, da muss man gleichzeitig über die Erhöhung der Unterstützung für Handwerker reden, die eine Meisterausbildung machen, also das Meister-Bafög. Das ist nur ein kleines Beispiel dafür, dass wir mehr dafür tun müssen, dass junge Leute den Weg in die berufliche Bildung finden. Was den Teil der Schulabbrecher angeht:

Bei uns ist ein großes Problem, dass Jugendliche mit Migrationshintergrund deutlich schlechtere Chancen haben, unmittelbar nach der Schule eine Berufsausbildung zu machen. Und zwar, weil sie zu spät gefördert werden. Ich finde, es geht um Investitionen in Kindertagesstätten, in Ganztagsschulen, mehr Erzieher und Sozialpädagogen. Das sind Investitionen in die Zukunft unseres Landes.

Ist die Kita, die Kindertagesstätte, das Beste, das aus der DDR gekommen ist?
Also ich war schon 1963 in einer Kindertagesstätte – ganz ohne DDR. Ich bin jetzt zum zweiten Mal Vater geworden. Und ich bin Beute-Ossi. Meine Frau kommt aus der Nähe von Halle, wir haben eine Zeit lang in Magdeburg gewohnt. Meine Frau ist selbstständige Zahnärztin. Ich habe auch einen Beruf, wo ich nicht jeden Tag zu Hause bin. Natürlich haben wir uns gefragt, wer unser Kind betreut, wenn wir beide arbeiten. Für meine Frau war selbstverständlich, dass die Kleine mit ein paar Monaten einen halben Tag in die Kita geht. Ich hatte von mir selbst das Bild eines aufgeklärten Menschen, aber trotzdem ist mir schnell klar geworden, dass ich eine westdeutsche Sozialisation habe. Ich hielt es keineswegs von Anfang an für selbstverständlich. Natürlich hat sich meine Frau durchgesetzt, ich kann heute nur sagen: Gott sei Dank. Unser Kind ist so aufgeschlossen, weil es von Anfang an mit anderen Kindern zusammen war. Jetzt weiß sie, dass es auch andere Kinder gibt, die gelegentlich mal Spielsachen haben wollen.

Die frühe Erfahrung, dass das Leben ein Kampf ist?
Es geht nicht um Kampf, sondern um die Erfahrung, dass man nicht allein auf der Welt ist und das Leben bunt ist. Wir haben heute keinen ideologischen Kampf in dieser Frage, sondern jeder kann das gestalten, wie er möchte.

Aber das ist auch eine Finanzierungsfrage. Tagesstätten kosten Geld, Pädagoginnen und Pädagogen, wobei es ja fast nur Pädagoginnen sind.

Richtig: Investitionen in Bildung und Erziehung kosten Geld. Und Ganztagsschulen, die nicht nur Lehrer, sondern auch Sozialpädagogen, Psychologen, Sport- und Theaterpädagogen haben, kosten sogar viel Geld. Aber arbeitslose Jugendliche kosten noch mehr Geld. Nichts ist teurer als Bildung – nur keine Bildung ist noch teurer.

Arbeitsmarktpolitik

Zweifellos, aber schon jetzt stehen ungefähr gleich viele erwerbstätige Menschen denen gegenüber, die vom Sozialstaat leben, etwa 28 Millionen Menschen arbeiten, genau so viele beziehen in Deutschland Renten oder Sozialbeihilfen.

Es sind mittlerweile mehr als 30 Millionen, die in sozialversicherungspflichtiger Beschäftigung stehen. 500.000 mehr als noch im letzten Jahr – und damit so viele wie noch nie zuvor in Deutschland. Aber in einer Gesellschaft, in der die Menschen nicht mehr mit Ende 60 sterben, sondern Gott sei Dank älter werden, gibt es natürlich immer mehr Rentnerinnen und Rentner, wenn zu wenig Kinder geboren werden. Ich gehöre zur Generation der Babyboomer; wenn Sie so wollen, bin ich Repräsentant der einen Seite des Problems: Meine Generation hat zwar keinen Rechtsanspruch, aber doch die Chance, dass wir im Durchschnitt über 80 Jahre alt werden. Wir gehen irgendwann in Rente und wir haben die Absicht, alt zu werden. Nach uns kommt aber die Generation Pillenknick und die soll unsere Rente finanzieren! Das ist das Spannungsverhältnis. Und wenn man es hart formuliert: Weil wir unser Einkommen lieber für Autos und Urlaub ausgegeben haben und nicht für mindestens zwei Kinder pro Familie, müssen wir nun für das Alter sparen, denn die verbliebenen Kinder werden unsere

Ansprüche an Einkommen im Alter nicht allein bezahlen können. Zu meiner Entlastung muss ich jetzt allerdings darauf hinweisen, dass ich zwei Töchter und damit nicht nur etwas ganz Wunderbares, sondern auch meine „demografische Pflicht“ erfüllt habe.

Sie haben auf die Arbeitsmarktreformen unter Kanzler Schröder verwiesen, die stehen in anderen europäischen Ländern noch aus. Ich erinnere mich an den Besuch des österreichischen Bundeskanzlers in Madrid, wo der Sozialdemokrat dem konservativen Ministerpräsidenten Rajoy erklärte, dass der lange Kündigungsschutz in Spanien zu hoch ist. Also dass man auf diese Weise Arbeitsplätze eher verhindert, als dass man neue schafft. Jetzt haben die Spanier den Kündigungsschutz etwas reduziert, aber müssen nicht noch viele europäische Länder, wir reden auch von Frankreich, aber eben auch von schwarz regierten Ländern, Reformen nach deutschem Vorbild machen?
Ja. Und François Hollande in Frankreich und Matteo Renzi in Italien haben sich ja ein enormes Reformpaket vorgenommen. Sie haben völlig recht, ohne Strukturreform wird das Wachstum dort nicht nachhaltig in die Gänge kommen.

Nur: Wer zwingt sie dazu?
In beiden Ländern wissen die politisch Verantwortlichen, dass sie handeln müssen. Sie sind ja auch dabei, diesen Weg zu beschreiten. Der Streit geht ja eher darum, ob diese Länder parallel zu ihren Strukturreformen eigentlich noch Luft für Investitionen brauchen. Die deutschen Konservativen verneinen das. Wir sagen: Gerade die Erfahrung Deutschlands zeigt, dass sich Reformen ohne Wachstumsinvestitionen nicht realisieren lassen.

Spielräume in Form von Eurobonds, also gemeinsamen Anleihen der Euro-Länder, oder in Form von höherer Verschuldung?
Mehr Zeit, die Verschuldung abzubauen. Und zwar im Rahmen des geltenden Stabilitäts- und Wachstumspakts.

Und keine Eurobonds?
Ich kann dazu nur sagen, nach der deutschen Verfassung sind Eurobonds nicht möglich. Wir müssten die Verfassung ändern, dafür gibt es keine Mehrheit. Deswegen erübrigt sich die Debatte.

Ein anderes Europa

Ein Thema müssen wir noch ansprechen. Europa als internationaler Machtfaktor. Jetzt kommt eine neue Kommission, alle sagen, es wird eine stärkere Kommission, alle sagen, es ist auch gut so. Welche nächsten Schritte brauchen wir zur stärkeren Verschränkung Europas? Weniger Nationalstaat, mehr Europa?
Wir brauchen vor allen Dingen ein anderes Europa. Nicht mehr Europa, sondern ein anderes. In Europa haben wir fast keinen Ansatz für eine gemeinsame Außen- und Sicherheitspolitik. Wir haben in Europa 28 befreundete Staaten, trotzdem haben wir 28 Heere, 28 Mal eine Marine, 28 Mal eine Luftwaffe. Ein Irrsinnsgeld, das wir dafür ausgeben.

Ein gemeinsames Heer muss kommen?
Na, jedenfalls die Teilung von Fähigkeiten. Auch, um Geld zu sparen. Mein Vorschlag ist, nicht über mehr oder weniger Europa zu reden, sondern über ein anderes Europa. Mit weniger Steuerdumping, mit mehr sozialen Mindeststandards und gemeinsamer Außen- und Sicherheitspolitik. Ich rate, das Thema Subsidiarität ernster zu nehmen und den Mitgliedsstaaten in bestimmten Bereichen mehr Freiheiten zu geben. Dafür muss Europa stärker werden bei Themen wie Energiepolitik, Breitbandausbau, Wachstum, Haushaltsdisziplin.

Peter Bofinger*: „Das Wichtigste ist jetzt eine gemeinsame europäische Wachstumsinitiative“

Der bekannte deutsche Ökonom und Wirtschaftsweise Peter Bofinger bringt es unmissverständlich auf den Punkt: „Wachstum ist die wichtigste europäische Herausforderung in den kommenden Jahren. Europa braucht Wirtschaftswachstum, denn Wirtschaftswachstum ist die Voraussetzung dafür, dass man die Arbeitslosigkeit wieder deutlich reduziert. Wirtschaftswachstum ist somit die oberste Priorität. Ohne Wirtschaftswachstum hat Europa keine Zukunft“. Ebenso wichtig ist es, findet der Professor, dass Regierungen es schaffen, „die Staatsverschuldung in ein vernünftiges Verhältnis zur Wirtschaftsleistung zu bringen“.

Rasches Handeln ist nun angesagt: Jetzt sei es dringend erforderlich, Maßnahmen zu ergreifen, um aus der Rezession zu kommen. „Das Wichtigste wäre eine gemeinsame europäische Wachstumsinitiative, die darin besteht, zusätzliche öffentliche Investitionen vorzunehmen. Man braucht auf jeden Fall starke staatliche Impulse, um in Infrastruktur- und Kommunikationsnetze sowie in Bildung und Forschung zu investieren. Nur so kann Europa vorankommen.“

Für Bofinger heißt das aber nicht, dass alles der Staat machen müsse. „Man braucht einfach ein ausgewogenes Maßnahmenpaket.“

* Peter Bofinger ist ein deutscher Ökonom und Professor für Volkswirtschaftslehre an der Universität Würzburg. Er ist seit März 2004 Mitglied im Deutschen Sachverständigenrat zur Begutachtung der gesamtwirtschaftlichen Entwicklung. Das Gespräch mit Peter Bofinger fand am 30. September 2014 statt. Es wurde von Margaretha Kopeinig geführt.

Auch Strukturreformen seien nötig, sozusagen maßgeschneidert. „Die muss man in jedem Land ganz individuell organisieren, nämlich dort, wo gravierende Hemmnisse für den Marktprozess liegen."

Vehement wehrt sich der deutsche Ökonom gegen die Strategie vieler seiner Kollegen, die nur auf strenges Sparen setzen und alle Regulierungen abschaffen wollen. „Ich glaube nicht, dass das eine zukunftsorientierte Strategie für Europa ist. Man braucht zu den Strukturreformen eine aktive Rolle des Staates, der Investitionen in Bereichen der Infrastruktur, Bildung, Forschung und Entwicklung voranbringt."

Bofinger plädiert für eine Doppelstrategie: Auf der einen Seite Hemmnisse abbauen, auf der anderen Seite Impulse setzen, um offensiv die Wettbewerbsfähigkeit Europas zu stärken. Dabei braucht es einen Paradigmenwechsel, ein „massives Umdenken", wie er sagt. „Nur mit Sparen Europa voranzubringen, das wird nicht gelingen. Man muss dem Staat die Möglichkeit einräumen, Investitionen über Kreditaufnahmen auf den Finanzmärkten durchzuführen. Das ist die sogenannte Goldene Regel der Finanzpolitik. Man muss diese Goldene Regel wieder etablieren, sonst wird man es nicht schaffen, genug Auftrieb zu erzeugen, um angemessenes Wachstum in Europa zu generieren." Die Botschaft Bofingers klingt ganz einfach: Investieren, investieren und noch einmal investieren.

Selbst in Brüssel und in den EU-Staaten ist ein Kurswechsel zu beobachten. Die EU-Staaten drängen auf eine Reindustrialisierung zur Stärkung der europäischen Wettbewerbsfähigkeit und wollen dafür auch mehr Investitionen in diesen Bereich pumpen. Der Anteil der Industrieproduktion in der EU hat in den vergangenen Jahren durch zahlreiche Auslagerungen abgenommen und erreichte 2013 im Durchschnitt nur mehr 15,1 Prozent des Bruttoinlandsproduktes (BIP). Österreich kommt auf 18,3 Prozent des BIP. Das EU-Ziel bis zum Jahr 2020 liegt bei 20 Prozent.[14]

Zwei-Säulen-Strategie

Der Vorschlag Bofingers ist eine Zwei-Säulen-Strategie: „Es braucht Strukturreformen und eine öffentliche Investitionsinitiative. Beides geht, und man darf die beiden Seiten nicht gegeneinander ausspielen." Entscheidend findet er auch einen öffentlichen Diskurs über Strukturreformen, nämlich darüber, welche Reformen wo und wie gemacht werden. Wenn man klar sagt, dass im Gegenzug zu Strukturreformen mehr öffentliche Investitionen getätigt werden, ist viel zu erreichen. Allerdings müsse man bei Strukturreformen aufpassen, dass man nicht ein Arbeitsheer ohne Kündigungsschutz und mit geringen Löhnen schafft, ohne Rechte und mit schwacher sozialer Absicherung. Das sei die Gefahr bei Strukturreformen. „Soziale Fortschritte darf man nicht außer Kraft setzen. Das würde sich negativ auf Europa auswirken", ist Bofinger überzeugt.

Diskussionen, wie sie derzeit über eine gemeinsame Arbeitslosenversicherung geführt werden, weist er forsch zurück. „Das braucht man nicht, das ist nicht zwingend für Europa. Wichtig ist, dass die Wirtschaft wieder an Fahrt aufnimmt."

Um aus der Wachstumsfalle zu kommen, ist der Wirtschaftsweise „ganz eindeutig dafür", den Stabilitätspakt der EU[15] mit den strengen Regeln flexibler auszulegen und anzuwenden. Still und heimlich wird das ja bereits gemacht, und das EU-Regelwerk lässt das am Ende auch zu. „Die ganz strikte Austeritätspolitik ist ja schon ad acta gelegt worden. Diese Politik wurde in Griechenland mit verheerenden Folgen praktiziert."

Bofinger weist darauf hin, dass es in Ländern wie Spanien oder Irland derzeit wirtschaftlich auch besser läuft. Er sieht den Grund für die verbesserte Lage darin, dass „sie eben nicht ein oder zwei Prozent Defizit haben, sondern sechs Prozent" (siehe dazu Statistiken im Anhang, Seite 167ff.). Die Vorgaben aus dem Stabilitätspakt werden großzügig missachtet, den Professor stört das nicht. „Man redet nicht darüber, man macht es." Für ihn ist das geradezu ein Hoffnungsschimmer, er wünscht sich eine offene Debatte darüber. „Wenn man Defizite macht, dann könnte man durch einen vernünftigen Diskurs dafür sorgen, die Mittel so einzusetzen, dass sie die besten Effekte für die Zukunft haben."

Modell: Arbeitszeit verkürzen

Neben Wachstum und Investitionen gibt es für Bofinger noch eine Möglichkeit, die Beschäftigung anzukurbeln. „In Deutschland haben wir die Arbeitslosigkeit dadurch reduziert, dass die Arbeitszeit je Erwerbstätigem deutlich verkürzt wurde."
Wie ist das gegangen? „Vom Jahr 2000 an bis heute hat das Arbeitsvolumen, also die Zahl der Stunden, die gearbeitet wurden und werden, kaum zugenommen. Gleichzeitig stieg die Zahl der Beschäftigten um mehr als zwei Millionen. Die Arbeitszeit pro Beschäftigtem ist deutlich zurückgegangen."
Der streitbare Ökonom wundert sich darüber, dass dieses Beispiel der deutschen Erfolgsgeschichte kaum erzählt wird. Dabei gehen heute alle davon aus, dass die Deutschen mehr arbeiten. „Bei gleichem Arbeitsvolumen zwei Millionen mehr Beschäftigte, das ist ein interessantes Modell und eine sehr spannende Entwicklung am Arbeitsmarkt. Es lohnt sich darüber nachzudenken, wie man über Arbeitszeitverkürzung das Arbeitsvolumen, das es gibt, so aufteilt, dass mehr Menschen Arbeit finden."

Eine pro-europäische Agenda ist die Antwort auf populistische und nationalistische Politik

Gedanken macht sich der der renommierte Professor nicht nur über die künftige europäische Wirtschaftsentwicklung, sondern auch über die politischen Herausforderungen, die auf Europas

Staatenlenker zukommen. „Europa steht vor einer ganz, ganz schwierigen Gratwanderung. Viele Bürger haben eine negative Einstellung zu Europa und sie führen die ökonomischen Probleme, die es gibt, auf Europa zurück. Sie haben die fixe Vorstellung, dass ein Rausgehen aus Europa, die Aufgabe der EU-Mitgliedschaft, eine Besserstellung für sie bedeuten würde."

Die Zahl der EU-Skeptiker nimmt zu, die Krise hat ihnen zusätzlich neue Nahrung gegeben. Antieuropäische Parteien haben in vielen Mitgliedsländern deutlichen Zulauf, der Ausgang der Europa-Wahl im Mai 2014 hat das deutlich gezeigt. Parteien wie der Front National in Frankreich oder die UKIP (United Kingdom Independence Party) in Großbritannien sind auf dem ersten Platz in ihren Ländern gelandet. Sie verfolgen den Ausstieg aus der Staatengemeinschaft, der Front National will, dass Frankreich auch den Euro verlässt und zur alten Währung Franc zurückkehrt.

„Auf der anderen Seite", sagt Bofinger, „gibt es viele Europa-Politiker, die sich aus Angst vor diesen rechten, nationalen Tendenzen nicht trauen, weitergehende Maßnahmen zur europäischen Integration in Angriff zu nehmen und Projekte durchzusetzen, die Europa auf einen Wachstumspfad zurückbringen." Das Ergebnis dieses Verhaltens könnte sein, dass die Wirtschaft aufgrund mangelnder Entscheidungs- und Handlungsfähigkeit der Politiker nicht an Dynamik gewinnt und am Ende erst recht jene siegen, die auf die nationalistische Karte setzen. Seine deutliche Warnung: „Aus Angst vor rechten, nationalen und populistischen Parteien fehlt der Politik der Mut, Europa auf die Agenda zu setzen." Jetzt bräuchte man couragierte Politiker aus vielen Ländern, die das europäische Projekt zu neuem Leben erwecken, die Impulse setzen. An ihnen liegt es, ein Europa zu schaffen, in dem die nationalistischen Parteien nicht stärker werden. „Europa will doch keine lahme Ente sein", appelliert der Professor an die politische Elite.

Geht es nach ihm, müssen „europäische Politiker vorangehen und Europa erfolgreich machen, um es wieder überzeugend verkaufen zu können". Es darf eines nicht passieren: „Wenn sich Europa als ein wirtschaftlich schwacher Raum mit Arbeitslosigkeit präsentiert, macht man es gerade diesen rechten Politikern leicht. Ein Europa, das sich nicht überzeugend präsentiert, verleiht genau diesen rechtsnationalen Parteien Aufwind."

Ein starkes Europa mit Wirtschaftswachstum und sinkenden Arbeitslosenzahlen bedeutet für Bofinger nicht notwendigerweise, Kompetenzen und Souveränität Brüssel zu überlassen. „Ich weiß gar nicht, ob man so viel abgeben müsste. Für mich wäre es wichtig, dass man in der Fiskalpolitik eine vernünftige Kontrolle über exzessive Staatshaushalte etabliert, die besser ist als das, was wir im Wachstumspakt haben. Ich plädiere für das Modell eines europäischen Finanzministers." Gleichzeitig, so die Vorstellung des deutschen Wirtschaftsweisen, sollten die EU-Länder zu gemeinsamer Hilfe für Staaten, die von den Finanzmärkten attackiert werden, bereit sein. Denn: „Nicht alles muss die Europäische Zentralbank machen."

Ein starkes Europa als Akteur in einer instabilen Welt

Wie sehr ein starkes Europa und mutige Politiker wichtig seien, zeigen auch die vielen Krisen in der Welt. Der Russland-Ukraine-Konflikt, der Terror der Kämpfer für einen Islamischen Staat oder der Bürgerkrieg in Syrien seien Beispiele für „eine Welt, die zu Instabilität tendiert. Das waren wir bisher nicht gewohnt", analysiert der Professor. Er findet „es gut, wenn es neben den USA, China und Russland ein starkes Europa gibt. Gerade in dieser instabilen Welt sollte Europa als Akteur eine wichtige Rolle spielen, weil kleinere und mittlere Staaten – im Vergleich zu den USA oder zu China – nicht diesen Einfluss haben". Gerade gegenüber China sei ein starkes Europa sehr wichtig, weil Chinesen sehr gezielt ihre nationalen Interessen durchsetzen. Daher rät Bofinger: „Die einzelnen Länder dürfen sich von China nicht austricksen lassen. Die Europäische Union ist besser geeignet, die Interessen aller Mitgliedsländer gegenüber China zu vertreten, da China mit 28 Staaten sein Spiel spielt."

Steuertricksern Grenzen setzen: Die EU bekämpft Steuerflucht und Steuerhinterziehung

Die Haushalte der EU-Staaten sind knapp – und im Zuge der schweren Finanz- und Wirtschaftskrise ist der Kampf der Regierungen gegen Steuerflucht, Steuerhinterziehung und Steuerdumping stärker geworden. Jahrelang wurde das Thema verschleppt und verzögert, doch nicht zuletzt aufgrund der klammen Kassen hat die EU-Kommission im Dezember 2012 einen Aktionsplan gegen Steuerbetrug und Steuervermeidung präsentiert. Mehr als 30 konkrete Maßnahmen enthält der Plan. Darin finden sich konkrete Schritte zum Schutz der Steuereinnahmen in den Mitgliedsstaaten, Maßnahmen gegen Steueroasen und aggressive Steuerplanung sowie unlauteren Wettbewerb. Da Steuerangelegenheiten nach wie vor in die nationale Kompetenz der Mitgliedsländer fallen, betont die EU-Kommission ganz besonders die Rolle der EU-Regierungen, die aufgefordert sind, alle erforderlichen Verbesserungen ihrer nationalen Steuerverwaltungen und -systeme durchzuführen.

Den 28 Finanzministern ist nach langen Verhandlungen und Blockaden einzelner Länder, darunter auch Österreich, im Frühjahr 2014 die Einigung auf die Zinsbesteuerungs-Richtlinie und den automatischen Informationsaustausch über Bankkonten in der EU gelungen. Damit soll die Steuertransparenz in der EU gestärkt und sollen Steuer-Schlupflöcher geschlossen werden.

Die EU-Kommission macht jedenfalls ernst mit ihrer Ankündigung, Steuertricksereien zu verfolgen. Anfang Oktober 2014 leitete sie ein Verfahren gegen mögliche illegale Steuervorteile für den Online-Händler Amazon in Luxemburg ein. Die obersten Wettbewerbshüter Europas nehmen die von Amazon dort in den vergangenen zehn Jahren gezahlte Körperschaftssteuer unter die Lupe.[16] Sollten die EU-Wettbewerbshüter zu dem Schluss kommen, dass Luxemburg Amazon unlautere Steuervorteile gewährte, könnten auf das Unternehmen hohe Nachzahlungen zukommen. Solche versteckten Beihilfen sind nach europäischem Recht verboten.

Brüssel hat aber nicht nur Luxemburg im Fokus, die Kommission knöpft sich auch andere Steuervereinbarungen von Konzernen vor. Seit Juli 2014 prüfen EU-Beamte den Verdacht auf ähnliche Steuervorteile für Apple in Irland und Starbucks in den Niederlanden.

Irland reagiert auf den internationalen Druck: Die Regierung in Dublin kündigt am 14. Oktober 2014 an, ein heftig umstrittenes Steuerschlupfloch, das multinationalen Konzernen seit Jahren einstellige Steuersätze und damit Milliarden-Einsparungen ermöglicht, zu schließen. „Alle Firmen, die in Irland ansässig sind, sind hier automatisch steuerpflichtig", sagt der irische Finanzminister Michael Noonan, als er den Haushaltsplan 2015 vorstellt. Mit neuen Steuereinnahmen muss er aber noch warten, die Abschaffung der Steuertricks kommt erst im Jahr 2020.

Apple etwa zahlt dank des irischen Steuertricks seit Jahren auf Auslandseinnahmen in Höhe von zig Milliarden Dollar einen Steuersatz von lediglich zwei Prozent. Deshalb hat selbst der US-Senat Irland als Steuerparadies gebrandmarkt.[17]

Ein anderes Beispiel: Die Google-Niederlassung in Irland erwirtschaftete 2013 einen Umsatz von 17 Milliarden Euro, zahlte jedoch gerade einmal 27,7 Millionen Euro Körperschaftssteuer.[18]

Das irische Schlupfloch ist unter dem Namen „Double Irish" bekannt, weil Firmen mithilfe von zwei irischen Tochterunternehmen unversteuerte Einnahmen zunächst nach Irland und von dort in ein echtes Steuerparadies wie beispielsweise die Bermuda-Inseln weiterleiten können.

Der internationale Kampf gegen Steuerhinterziehung zeigt am Beispiel Irlands erste Erfolge. Bald wird es für Konzerne keine Ausweichmöglichkeiten mehr geben. „Die Frage ist: Wohin sollte man gehen? In der EU gibt es nichts Vergleichbares. Es wird einfach zu heiß", erklärt George Bull, Chef der Steuerabteilung der Beratungsfirma Baker Tilly.[19]

Auch der neue EU-Kommissar für Wirtschafts- und Finanzangelegenheiten, der Franzose Pierre Moscovici, hat zum Thema Steuerpolitik in der EU eine klare Position. „Wir haben jetzt die letzte Chance, mehr für sozialen Fortschritt und Gerechtigkeit zu tun. Die Steuerflucht hat schreckliche Auswirkungen auf die Volkswirtschaft. Ethisch und moralisch ist das nicht hinzunehmen", sagte er bei seiner Anhörung im Europäischen Parlament.[20]

Gegen Steuerbetrug und Steuerflucht vorzugehen sowie die Aktivitäten in Steueroasen offenzulegen, ist ein gemeinsames Ziel von EU-Kommission und Europäischem Parlament. Gerade vom neuen EU-Kommissionspräsidenten Jean-Claude Juncker werden diesbezüglich forsche Initiativen und strenge EU-Regelungen erwartet. Immerhin bezeichnete Juncker in seiner Rede im EU-Parlament im Juli 2014 Steueroasen als „Steuer-Hooligans"[21].

Beschlüsse für strengere Regeln in der EU-Steuerpolitik zu fassen, ist nicht einfach. Abstimmungen im Rat der Finanzminister zu Fragen der Steuerpolitik müssen einstimmig getroffen werden.

Parlamentspräsident Martin Schulz (SPD) verlangt seit Langem von der Kommission und den Regierungen der Mitgliedsländer, noch stärker und engagierter als bisher gegen Steuervermeidungsstrategien von Internet-Konzernen wie etwa Google, Microsoft oder Amazon vorzugehen. Allein dem öffentlichen Haushalt Deutschlands entgehen durch Steuerbetrug und Steuerdumping im Schnitt 150 Milliarden Euro im Jahr[22], rechnet Schulz vor. Sein Credo lautet: Steuern müssen in dem Land gezahlt werden, in dem die Umsätze erzielt werden. Außerdem will der Parlamentspräsident, dass Unternehmen, die ihren Sitz in Steueroasen haben, sich nicht mehr an europäischen Ausschreibungen beteiligen sollten. Sozialdemokraten im EU-Parlament fordern den Entzug der Banklizenz für Finanzinstitute, die an Steuerbetrug mitwirken.

Die SPÖ hat im Rahmen des Wahlkampfes für die Europa-Wahl im Mai 2014 ein Fünf-Punkte-Programm gegen Steuerhinterziehung und Steuerumgehung in Europa vorgelegt.[23] Österreich hat seit März 2014 strenge Regeln, um steuerschonende Verschiebungen von Gewinnen über Zinsen und Lizenzgebühren in Steueroasen ins Ausland zu verhindern. Dieses österreichische Modell, das bisher die strengsten Bestimmungen in der EU beinhaltet, fordert die SPÖ für ganz Europa.

Der Schaden, der in der EU durch Betrügereien am Fiskus entsteht, ist enorm. Schätzungen der EU-Kommission gehen davon aus, dass jährlich rund 1000 Milliarden Euro an Steuern nicht bezahlt werden. Das führt nicht nur zu Ausfällen in Staatskassen, sondern benachteiligt auch lokale Unternehmen.

Auf dem Prüfstand steht die Steuerpraxis von multinationalen Konzernen in bestimmten Mitgliedsländern der EU. Die Strategien von Apple, Starbucks, Google, Amazon, Microsoft oder auch anderen Multis zur Steuerflucht stehen weltweit in der Kritik. Nach Angaben der Organisation für wirtschaftliche Zusammenarbeit und Entwicklung (OECD) geht es um rund zwei Billionen Dollar, die Firmen und andere Steuerflüchtlinge weltweit in Steueroasen und Niedrigsteuergebiete verschoben haben.[24]

Die führenden Industrie- und Schwellenländer (G20) haben Steuertricksereien internationaler Konzerne ebenfalls den Kampf angesagt. Die nutzen nämlich legale Schlupflöcher, um trotz hoher Gewinne die Steuerlast zu drücken. Bis Ende 2015 soll ein von der OECD erarbeiteter Aktionsplan gegen „aggressive Steuergestaltung“ und Gewinnverlagerungen vorgelegt werden. Grundsätzlich sollen Firmen künftig dort Steuern zahlen, wo sie Produkte fertigen und Patente entwickeln – und nicht dort, wo Briefkastenfirmen unterhalten werden.

Irland etwa lockte seit den 1960er Jahren US-Konzerne mit günstigen Steuersätzen. Dieses Vorgehen löste verstärkt Proteste aus, als das Euro-Mitglied 2010 mit EU- und internationalen Hilfsgeldern

vor der Pleite gerettet wurde. Andere Staaten werfen Irland vor, ihnen Steuereinnahmen wegzunehmen.
Apple zum Beispiel nutzt ein Schlupfloch im Steuerrecht, um dem US-Fiskus zu entkommen. Das in Kalifornien ansässige Unternehmen zahlte mit Hilfe von Tochtergesellschaften in Irland im vergangenen Jahr unter dem Strich lediglich zwei Prozent Steuern auf Gewinne, die es außerhalb der USA erzielte.

Jeffrey Owens*: „Das Steuersystem steht weltweit unter Druck“

Alle Länder, egal ob groß oder klein, stehen auf den globalen Märkten miteinander im Wettbewerb. Die Steuerhoheit der einzelnen Länder unterliegt international immer größeren Einschränkungen. Im Folgenden wird der anhaltende Druck, der Steuerreformen im nächsten Jahrzehnt maßgeblich beeinflussen wird, näher beleuchtet.

Megatrends

Die folgenden Megatrends sind besonders relevant für die Ausgestaltung künftiger Steuersysteme:

- Zunehmende Verbreitung von Demokratie und anhaltendes Wirtschaftswachstum haben das Potenzial, eine breite, gebildete Mittelschicht hervorzubringen, die mehr Rechenschaftspflicht einfordert – gleichzeitig aber auch weniger Vertrauen in den Staat hat. Zentralregierungen werden an Einfluss verlieren, während die Bedeutung von Regional- und Lokalregierungen, insbesondere in der EU, zunehmen wird.

* Der britische Ökonom und Universitätsprofessor Jeffrey Owens ist seit 2012 Direktor des Global Tax Policy Centers an der Wirtschaftsuniversität Wien. Professor Owens dankt ausdrücklich Frau Marion Stiastny, MSc. (WU), BSc. (WU) für ihre Unterstützung bei der Verfassung des Artikels.

- Die Bevölkerungsstrukturen sind im Wandel. Während sich die Bevölkerung Afrikas verdoppelt, steigt der Anteil der über 65-Jährigen in Europa. Die damit verbundenen Auswirkungen auf den Arbeitsmarkt werden Regierungen zwingen, ihre Einstellung zu Themen wie Pensionen, Sozialleistungen, Gesundheitsversorgung und Besteuerung von Arbeit zu überdenken.
- Zunehmende Urbanisierung: 60 Prozent der Weltbevölkerung werden bis 2030 in Megacitys leben (wobei bis 2030 allein zehn neue Megacitys in China entstehen werden). Das wird den Druck auf die Infrastruktur und letztendlich auf die Umwelt erhöhen.
- Die Digitalisierung des Fertigungsbereichs wird die Nachfrage nach hochqualifizierten Arbeitskräften ankurbeln, wodurch Ausbildung und ständige Weiterbildung immer mehr an Bedeutung gewinnen. Die Trennlinie zwischen Dienstleistungen und Gütern wird zusehend verschwimmen.
- Die Auswirkungen des Klimawandels werden Regierungen zwingen, eine Mischung an Regelungen, handelbaren Genehmigungen und CO_2-Steuern einzusetzen, wenn wir die globale Klimaerwärmung aufhalten wollen.
- Neue Protagonisten können – in Form von regionalen Gruppierungen oder Ländergruppen mit ähnlichem wirtschaftlichen Entwicklungsstand – auf den Plan treten. Die BRICS[25] werden sich von einer zahlenmäßig kleinen zu einer umfassenderen Ländergruppe entwickeln. Die N-11-Staaten[26], unter anderem bestehend aus Ländern wie Mexiko, der Türkei und Indonesien, werden zu Global Playern aufsteigen.
- NGOs werden weiterhin ein entscheidender Einflussfaktor im Rahmen der weltweiten Steuerdebatte sein.
- Kleine und mittlere Unternehmen (KMUs) werden sich die Liberalisierung der nationalen Märkte und die digitale Revolution zunutze machen, um nahtlos global aktiv zu werden und ihren wirtschaftlichen Tätigkeitsbereich auf zahlreiche

Länder und Hoheitsgewalten auszuweiten. Dies geschieht entweder durch die Errichtung von Niederlassungen, Filialen, Zweigstellen oder digitalen Außenstellen – in jedem Fall aber werden sie dadurch Druck auf die bestehenden internationalen Steuerregelungen ausüben.

- Zunehmendes Ungleichgewicht wird den sozialen Zusammenhalt aushöhlen. Dadurch wird es immer schwieriger, die notwendige politische Unterstützung für Strukturreformen zur Steigerung der nationalen Wettbewerbsfähigkeit aufzubauen. Gleichzeitig wird dadurch aber auch der Ruf nach einer faireren Verteilung der Steuerlast gestärkt.
- Das omnipräsente Risiko einer neuen Finanzkrise wird auch weiterhin die weltweite Wirtschaftsdebatte dominieren.

Jeder dieser Megatrends – und auch jene, die zweifellos noch auf uns zukommen werden – wird tiefgreifende Auswirkungen auf die Ausgestaltung der Steuersysteme haben. Teilweise ist die Ausgestaltung der Steuersysteme aber auch auf den Druck zurückzuführen, unter dem Regierungen stehen, weil sie sich gezwungen sehen, Ausgaben zu erhöhen und dafür notwendige Mehreinnahmen zu generieren – dabei aber gleichzeitig ein wettbewerbsfähiges Steuersystem aufrechterhalten müssen.

Steuertransparenz: Die neue Realität

Die Debatte über die Besteuerung multinationaler Unternehmen verstärkt die Forderung nach mehr Transparenz, insbesondere was die größten dieser global tätigen Unternehmen betrifft sowie jene, deren Geschäftsmodell auf Technologie und digitalen Lieferungen und Leistungen beruht.
Multis müssen jetzt damit rechnen, dass die Steuerbehörden des Staates, in dem sie ihren Sitz haben, Zugang zu Informationen über

ihre Geschäftstätigkeit haben – gleichgültig, wo sie wirtschaftlich tätig sind, einschließlich der Offshore-Plätze. Das „Country by Country Reporting“ (CbC, länderbezogene Berichterstattung) wird sich durchsetzen. Aufbauend auf der OECD-Initiative „Base Erosion and Profit Shifting“ (BEPS) wird die Dokumentation im Bereich der Verrechnungspreise aus so genannten „Master Files“ und „Local Files“ bestehen, die einen neuen weltweiten Standard definieren, an dem auch Multis nicht vorbeikönnen werden.
Wie bei jedem neuen Instrument ist eine Umsetzung, die Kontinuität im Vorgehen der Regierungen und Schutzmechanismen zur Wahrung der Vertraulichkeit von wirtschaftlich sensiblen Informationen sicherstellt, von äußerster Wichtigkeit.
Für Multis ist ein Mehr an Transparenz und an Informationen ein erster Schritt, um das Vertrauen der Bürger und Politiker wiederzugewinnen.

Intensivierte Zusammenarbeit im Steuerbereich

Seit dem Londoner G20-Gipfel im Jahr 2009 haben wir eine wahre Revolution im Bereich des Informationsaustauschs (Exchange of Information, EoI) erlebt. Die Zahl der damit zusammenhängenden bilateralen Vereinbarungen ist sprunghaft gestiegen, und im Bereich des automatischen Informationsaustauschs gab es eine Trendverschiebung von bilateral hin zu multilateral.

- Über 75 Länder haben bereits das OECD-Übereinkommen über „Gegenseitige Amtshilfe in Steuersachen“ (Multilateral Convention on Mutual Administrative Assistance in Tax Matters) unterzeichnet.
- Es gibt mittlerweile fast 1500 eigenständige Abkommen zum Austausch von steuerlichen Informationen (Tax Information Exchange Agreements, TIEAs).

- Steuervereinbarungen, Informationsaustausch-Vereinbarungen und das OECD-Übereinkommen haben zur Errichtung von fast 7000 Informationsaustausch-Beziehungen geführt, rund 27 Prozent allein seit 1. Jänner 2008.
- Ein neuer, weltweiter Standard für den automatischen Austausch von Informationen wurde von der OECD entwickelt und von den G20-Finanzministern anlässlich ihres Treffens in Cairns im September 2014 angenommen. Am 24. März 2014 wurde die neue Zinsbesteuerungsrichtlinie vom EU-Rat angenommen. Diese Hinwendung zum automatischen Austausch von Informationen kann zu einem Gutteil auf die Ankündigung des FATCA-Programmes (Foreign Account Tax Compliance Act) durch die Vereinigten Staaten im Jahr 2011 zurückgeführt werden. Ursprünglich war das Programm von den USA als einseitige Initiative gedacht, über die den USA viele der Gewinne zufließen, während der Großteil des Verwaltungsaufwands auf andere Staaten abgewälzt wird. Doch im Laufe der letzten beiden Jahre hat die OECD begonnen, FATCA de facto zu multilateralisieren, indem sie einen weltweiten Berichtsstandard entwickelte, der auf dem automatischen Austausch von Informationen beruht.

Diese Entwicklungen zwangen in der Folge Länder, die das Bankgeheimnis traditionell hochhielten, ihre Haltung zum Bankgeheimnis zu überdenken.

Grenzen werden neu gezogen: Einhaltung von Steuervorschriften und Gesetzesverstöße

Regierungen fordern zunehmend einen umfassenden, ressortübergreifenden Ansatz zur Bekämpfung aller Formen gesetzeswidrigen Verhaltens, einschließlich Steuervergehen. Traditionell haben Steuerbehörden nicht mit anderen Strafverfolgungsbehörden zusammengearbeitet. Informationen, die den Steuerbehörden zur Verfügung gestellt wurden, wurden normalerweise nicht weitergegeben. Das hat sich allerdings im Laufe der letzten fünf Jahre massiv geändert – zumindest in den OECD-Mitgliedsstaaten. Regierungen haben nämlich erkannt, dass Steuerbehörden im Kampf gegen Geldwäsche, Bestechung und andere gesetzeswidrige Tätigkeiten mächtige Verbündete sein können. Ein entscheidender Wendepunkt in dieser Debatte war die Erkenntnis der Financial Action Task Force (FATF) im Jahr 2013, dass Steuerverbrechen eine Haupttat darstellen und deshalb allen FATF-Empfehlungen und den „Know your Customer"-Regeln unterliegen.

Aushöhlung der steuerlichen Bemessungsgrundlage und Gewinnverlagerung (Base Erosion and Profit Shifting – BEPS)

Die Steuerlandschaft ist im Wandel begriffen. Die Suche der Regierungen nach neuen Einnahmen führt zu einem erhöhten Fokus auf Transparenz, was zu einer Änderung der Steuerpolitik führt. Sowohl Wirtschaft als auch Regierungen werden das BEPS-Projekt genau verfolgen müssen.

Multinationale Unternehmen müssen daher:

- Ihre Steuerplanungen überprüfen, um sicherzustellen, dass sie die neuen Standards erfüllen.
- In einem transparenten Umfeld tätig und sich bewusst sein, dass Informationen, die sie einer Steuerbehörde zur Verfügung stellen, an andere weitergegeben werden und ihre Steuerbelange bzw. Steuergebarungen Thema von öffentlichen Diskussionen sein könnten.

- Jetzt planen, um die Bestimmungen der länderspezifischen Berichterstattung (Country by Country Reporting) zu erfüllen.
- Die steuerseitigen Entwicklungen in den entsprechenden internationalen Organisationen beobachten.
- Eher agieren denn reagieren.

Hintergrund dieser Initiative ist vor allem die Sorge, dass Multis ihre Einnahmen in Richtung Niedrigsteuerländer oder Länder, in denen keine Steuern eingehoben werden, verlagern könnten. Sie zielt auf koordiniertes Vorgehen gegen Steuerstrategien ab, die im Verdacht stehen, die steuerlichen Bemessungsgrundlagen der einzelnen Länder auszuhöhlen. Das Projekt soll Regierungen dazu anregen, ihre Steuergesetzgebung und Steuerverträge so zu ändern, dass es immer weniger Möglichkeiten gibt, Gewinne in Länder mit niedrigeren Steuersätzen zu verlagern.
Aufbauend auf einem im Juli 2013 veröffentlichten 15-Punkte-Plan konzentriert sich die BEPS-Initiative auf eine Reihe von Bereichen: Reporting und Transparenz, Verrechnungspreise, Abzugsfähigkeit von Finanzierungskosten, Anrecht auf Vorteile aus Steuerverträgen, steuerliche Behandlung von Unternehmen, die in der digitalen Wirtschaft tätig sind, und Steuervergünstigungen.

Welche Auswirkungen haben diese globalen Trends auf den Staat?

Regierungen haben immer größere Schwierigkeiten, den Bedarf an zusätzlichen Einnahmen – der auf einige der oben beschriebenen Megatrends zurückzuführen ist – mit der Notwendigkeit, wettbewerbsfähige Steuersysteme aufrechtzuerhalten, in Einklang zu bringen. Viele Länder werden gezwungen sein, höhere Steuereinnahmen zu generieren. Dies wird die Schaffung von wachstumsfördernden Steuersystemen erfordern, durch die ein Teil der Steuerlast auf Gewinnen und Erträgen in Richtung Verbrauch und

unbewegliches Vermögen verschoben wird. Staaten werden sich gezwungen sehen, Steuersätze weiterhin zu reduzieren und als Ersatz für die daraus resultierenden einnahmenseitigen Verluste die Steuerbasis zu verbreitern, insbesondere im Zusammenhang mit den derzeit in Europa geltenden Umsatzsteuersystemen.
Diese Änderungen müssen von einer modifizierten staatlichen Ausgabenpolitik sowie von Bestimmungen und steuerlichen Maßnahmen begleitet werden, die bei den wachsenden Ungleichheiten in der Verteilung von Einkommen und Wohlstand – hervorgerufen durch Globalisierungsprozesse und neue Technologien – ansetzen. Dabei werden Steuerreformen eine ausgesprochen wichtige Rolle spielen, indem sie sicherstellen, dass die Bezieher von sehr hohen Einkommen ihren fairen Anteil beitragen.
In diesem Zusammenhang wird einer besseren Offshore-Compliance eine Schlüsselrolle zukommen. Milliarden an zusätzlichen Steuereinnahmen wurden so zum Beispiel schon als Folge der OECD-Leitprojekte im Bereich Informationsaustausch in die staatlichen Kassen gespült. Darüber hinaus werden sich Regierungen erneut mit der Besteuerung von Kapitalbesitz und Kapitaltransfers, insbesondere mit der Frage der Erbschaftssteuern und der Steuern auf Immobilien, auseinandersetzen müssen. Der Staat wird sich einige der in den Steuerabkommen festgelegten grundlegenden internationalen Steuerregelungen näher ansehen müssen, um festzustellen, ob Konzepte, die im „physischen Zeitalter" entwickelt wurden, ihren Zweck im „virtuellen Zeitalter" auch noch erfüllen. Dies wird wiederum strengere Maßnahmen gegen Missbrauch bedingen, den Willen, grundlegende Quellen- und Wohn-/Firmensitzregelungen zu ändern, ein diszipliniertes Vorgehen gegen schädlichen Steuerwettbewerb und einen Schwenk von bilateral hin zu multilateral erfordern.

Federica Mogherini*: „Die EU braucht den politischen Willen, gemeinsam etwas zu tun“

Was ist für Sie die größte Herausforderung als Hohe Repräsentantin für die EU-Außen- und Sicherheitspolitik?
Ganz allgemein ist die wichtigste aktuelle Herausforderung für die EU die Frage, wie wir zu mehr Wirtschaftswachstum kommen, und die Lösung des Problems der hohen Arbeitslosigkeit. Von Arbeitslosigkeit sind alle Generationen betroffen, sehr viele junge, aber auch ältere Menschen. Für Personen, die 40, 50 oder 55 Jahre alt sind und ihren Job verloren haben, ist es sehr schwierig, wieder einen Arbeitsplatz zu finden. Also, die Herausforderung Nummer 1 ist mehr Wirtschaftswachstum und der Kampf gegen die Arbeitslosigkeit.

Und was kommt in der Außenpolitik auf Sie zu?
Abgesehen von Syrien oder der Ukraine gilt es in der Außenpolitik, eine gemeinsame Stimme zu finden, eine gemeinsame Linie und ein gemeinsames Handeln zwischen den Mitgliedsländern, dem Europäischen Parlament und der Europäischen Kommission. Das ist nicht einfach, weil es auch noch nationale Außenpolitiken gibt, aber ich denke, dass die EU ein Mehrwert sein kann. Die EU-

* Federica Mogherini ist seit Anfang November 2014 die Hohe Beauftragte der EU für die Außen- und Sicherheitspolitik. Sie ist auch Vizepräsidentin der EU-Kommission. Von Februar 2014 bis Ende Oktober 2014 war sie Außenministerin Italiens. Sie gehört der Demokratischen Partei an. Das Interview mit Federica Mogherini führte Margaretha Kopeinig. Es fand am 23. Oktober 2014 in Paris statt, einen Tag, nachdem die gesamte EU-Kommission im Europäischen Parlament gewählt wurde.

Bürger fragen sich zu Recht: „Was macht die EU bei Krisen oder bei Themen wie Energie oder Klima?“ Die Bürger wissen ganz genau, dass viele Probleme nur gemeinsam gelöst werden können. Kein Land kann das alleine machen, auch die Großen nicht. Die wichtigste Herausforderung für mich ist, das gemeinsame europäische Interesse zu formulieren, um dann auch gemeinsam handeln zu können.

Sie wollen das Konzept der Strategischen Partnerschaft – auch mit Russland – neu definieren. Was genau sind Ihre Pläne?
Das hängt sehr stark von Russland ab. Russland war und ist ein Nachbar der EU und wird es auch bleiben. Russland hat enge Beziehungen zur EU und ist extrem relevant, was unsere gemeinsame Geografie, die Geschichte, die Kultur, die Wirtschaft und die Energie angeht. Doch das Verhalten Russlands gegenüber der Ukraine ist nicht das eines Partners der EU. Russland hat weder gegenüber der Ukraine noch gegenüber der EU als Partner agiert.

Wovon hängt die Partnerschaftsbeziehung EU–Russland ab?
Zum einen ist sie davon abhängig, was sich in der Ostukraine tut: Hält sich Russland an den Waffenstillstand, zieht es seine Soldaten ab, kontrolliert es die Grenze? Zum anderen hängt sie von der Art und Weise ab, wie Russland seine internationalen Verpflichtungen erfüllt. Was Russland in der Ukraine mit der Annexion der Krim gemacht hat, steht im Widerspruch zu internationalen Regeln. Wenn Moskau internationale Regeln einhält, ist es wieder ein geachteter und verantwortungsvoller Partner. Die Erfahrungen der Menschen in der Ostukraine gehen tief. Wir, die EU und die Ukraine, wissen sehr gut, dass wir Wege der Zusammenarbeit mit Russland finden müssen. Das hängt aber, wie gesagt, völlig von den Intentionen Russlands ab.

Also, Russland ist kein strategischer Partner mehr?
Es muss einen Restart geben. Es gibt viele Probleme, die wir gemeinsam lösen müssen: Afghanistan, Syrien, der Nahe Osten und die Frage der Nichtverbreitung von Kernwaffen und die atomare Abrüstung. Russland ist ein strategisches Land, aber derzeit kein strategischer Partner. Russland ist dafür verantwortlich, dass die Ostukraine sicher wird. Das ist der Angelpunkt. Natürlich wäre es positiv, wieder eine strategische Partnerschaft mit Russland zu haben.

Wird die Ostukraine zum frozen conflict?
Der russische Präsident hat beim EU-Asien-Gipfel Mitte September 2014 in Mailand gesagt, dass er keinen frozen conflict will. Auch die Ukraine will das nicht. Es ist unsere Verantwortung, alles zu unternehmen, dass es nicht dazu kommt. Das Abkommen von Minsk muss umfassend umgesetzt werden. Es muss auch vertrauensbildende Maßnahmen geben.

Welche vertrauensbildenden Maßnahmen? Und was erwartet die EU von der Ukraine?
Den Respekt vor der Kultur und vor der Sprache der Menschen, einen Autonomie-Status für den Osten und institutionelle Reformen. Es gibt viele Flüchtlinge aus der Region, humanitäre Hilfe wird ganz entscheidend sein. Es muss auch etwas gegen Korruption unternommen werden, die Wirtschaft muss wieder funktionieren. Die Ukraine hat die Verantwortung für die Transformation.

Innerhalb der EU gibt es verschiedene Positionen zum Ukraine-Russland-Konflikt. Wer hat recht?
Es hat verschiedene Sichtweisen und Sensibilitäten gegeben. Sehr oft sind diese ja durch Geschichte und Geografie begründet, das ist ganz natürlich. Aber wirkliche politische Differenzen hat es nicht gegeben. Wir waren uns bei den Sanktionen einig, dass sie ein In-

strument sind, um politischen Druck auf die Führung in Moskau auszuüben. Wir lehnten eine militärische Option ab, auch darüber waren wir uns einig. Ebenso wie darüber, flexibel bei den Sanktionen zu sein: Je nach Lage können sie zurückgefahren oder verschärft werden.

Hat die EU im Ukraine-Russland-Konflikt auch Fehler gemacht?
Wir hätten den Dialog früher führen müssen. Den Dialog, den wir jetzt zwischen der EU, der Ukraine und Russland führen, hätten wir früher starten müssen.

Wäre sicherheitspolitisch der Status der Neutralität für die Ukraine sinnvoll?
Das ist die alleinige Entscheidung der Ukraine als souveräner Staat.

Verstehen Sie, dass sich Russland von einer starken NATO an seiner Grenze bedroht fühlt?
Ich würde Russland ermutigen, in der NATO keinen Antagonismus zu sehen. Ich würde auch der NATO sagen, Russland als einen potenziellen Partner zu betrachten. Es gibt keinen Weg zurück in die Zeit des Kalten Krieges. Nostalgie ist hier wirklich nicht angebracht.

Kommen wir zur europäischen Sicherheitspolitik: Sollte es unter den 28 EU-Mitgliedsländern eine Art Arbeitsteilung in sicherheitspolitischen Aufgaben geben? Und welche Rolle können dabei neutrale Staaten wie Österreich spielen?
Sie können eine sehr wichtige Rolle spielen. Wir müssen alle Fähigkeiten, die wir haben, zusammenführen. Europa hat ein großes, aber nicht entwickeltes Potenzial. Es gibt keine Außenpolitik, die nicht auch sicherheitspolitische Aspekte beinhaltet. Umgekehrt gibt es keinen Konflikt oder auch Krieg, bei dem es nicht auch um Außenpolitik geht. Die EU ist ein globaler Akteur, der Geschichte

und Weisheit in seiner DNA hat. Europa kann so viel machen, um Krisen zu verhindern, Konflikte einzudämmen oder Übergangsprozesse nach Krisen zu überwachen. Es gibt nicht nur militärische Mittel, sondern auch humanitäre Hilfe, Aufbau von Institutionen, Demokratie, Rechtsstaatlichkeit und Menschrechte. Wir wissen, dass Konflikte, die militärisch gelöst werden, immer wieder ausbrechen können, wenn die politischen Rahmenbedingungen nicht gegeben sind. Die EU braucht das Zusammenführen aller Kapazitäten und Möglichkeiten ebenso wie den politischen Willen, gemeinsam etwas zu tun. Eine kohärente Strategie ist immer nötig, um die sicherheitspolitischen Herausforderungen zu bewältigen.

In Brüssel heißt es, dass Serbien erst nach dem Jahr 2020 der EU beitreten könne. Sehen Sie auch andere Balkanländer als EU-Mitglieder?
Alle Länder am Balkan haben eine EU-Perspektive. Wir dürfen nicht nur den Zeitpunkt im Auge haben, auch wenn dieser ganz sicher wichtig ist. Ebenso wichtig ist es auch, was wir von nun an bis zum Jahr 2020 gemeinsam tun. Die Länder müssen aber auch darüber nachdenken, wie sie untereinander besser kooperieren können und natürlich auch einen Dialog miteinander führen können. Die Integration der Balkanländer ist für die EU essenziell.

Deutschland und Österreich haben eine historische Verantwortung für Israel. Hat die EU eine Verantwortung gegenüber Israel?
Auch Italien. Alle EU-Staaten haben diese Verantwortung gegenüber Israel. Aber nicht nur gegenüber Israel, sondern gegenüber der ganzen Region. Israel hat wegen seiner Bedrohung verständlicherweise Sorgen um seine Sicherheit. Das ganze regionale Umfeld wird immer schwieriger und komplizierter. Gleichzeitig verstehen die Menschen aber sehr gut, dass die Palästina-Frage gelöst werden muss. Israel braucht Sicherheit, und ich glaube, dass auch der Aufbau des palästinensischen Staates im Sicherheitsinteresse

Israels liegt. Erforderlich ist auch ein Abkommen Israels mit allen arabischen Staaten, das die Sicherheit Israels garantiert. Wir schauen nur auf den israelisch-palästinensischen Konflikt, es gibt aber auch noch den arabisch-israelischen Konflikt. Im regionalen Kontext sind die Zwei-Staaten-Lösung und das Abkommen zwischen den arabischen Staaten und Israel notwendig, um die Sicherheit und die Existenz Israels zu garantieren. Nötig ist natürlich der politische Wille Israels, der Palästinenser und der EU, es braucht mehr Leadership auf allen Seiten. Die EU muss dabei eine größere Rolle spielen. Klar ist, es muss mehr getan werden.

Europa wird unsicherer: Der Ukraine-Konflikt, Syrien, Ebola, radikale Islamisten und die Bedrohung durch die terroristischen Milizen des Islamischen Staates. Welche Gegenmaßnahmen hat die EU?
Es geht um Maßnahmen, die mittel- und langfristig wirken. Oft sehen wir die Probleme auf uns zukommen. Oft reagieren wir erst, wenn sie schon da sind. Das ist Teil unseres Problems. An Sicherheit muss man langfristig arbeiten, das ist am Ende viel effizienter und kostet weniger. Wir müssen die Kräfte und Ressourcen bündeln, die Diplomatie und die Wirtschaft. Das würde Europa zu einer großen Superpower machen. Auf der rationalen Ebene wissen wir, was zu tun ist, aber in vielen Fällen gelingt es nicht immer, gemeinsam zu handeln.

Sie haben an der Universität La Sapienza in Rom Politikwissenschaft studiert und sich in Ihrer Abschlussarbeit mit dem Verhältnis zwischen Religion und Politik im Islam auseinandergesetzt. Kommen Ihnen heute die Erkenntnisse zugute, zum Beispiel wenn es um die Analyse der Terrororganisation des Islamischen Staates geht? Oder profitieren Sie bei der Lösung der aktuellen Probleme von Ihrer wissenschaftlichen Arbeit?
Der Islam wurde historisch in manchen arabischen Staaten immer wieder benützt, um Handlungen, die nichts mit Religion zu

tun haben, die pure politische Aktionen sind, zu legitimieren. Die Rechtfertigung einer politischen Handlung durch die Religion machte die Akteure auch mächtig. Heute passiert das Gleiche mit den Milizen des Islamischen Staates IS. Wenn wir Islamischer Staat sagen, akzeptieren wir das Narrativ von Terroristen, die vorgeben, islamisch zu sein und ein Staat zu sein. Muslime sagen uns, dass das mit dem Islam nichts zu tun hat, und die ersten Opfer von ISIS sind Muslime. Was wir hier sehen ist, dass Religion für politische Zwecke benützt wird. Aber das ist nicht Religion. Es gibt keine Religion auf der Welt, die sich selbst in Opposition zu anderen Religionen oder Ländern begibt. ISIS unterminiert die Basis der Koexistenz von Religionen und Kulturen, den Dialog und das Zusammenleben. Das ist gefährlich, und das ist eine Bedrohung. Für die EU heißt das, die Außenpolitik, die Innenpolitik und die Justizpolitik besser unter den 28 Mitgliedsländern zu koordinieren, intern haben wir ja keine Grenzen. Wenn ein Land betroffen ist, dann gilt das für alle – egal, ob es sich dabei um Migration, Terrorismus oder Ebola handelt. Global sind wir eine Einheit.

Danke.

Ein neues Bild Europas oder: Umschalten vom Krisenmodus auf Weichenstellung für die Zukunft

„Nachhaltiges, sozial- und umweltverträgliches Wachstum ist in Zeiten zunehmender Globalisierung und Rationalisierung die einzige Chance für Europa."
Bundeskanzler Werner Faymann (Wien, 22. September 2014)

Ein Bild sagt mehr als viele Worte: Das britische Magazin *The Economist* illustriert Anfang September 2014 unter dem Titel „Schon wieder dieses Gefühl des Untergangs" die gegenwärtige Stimmung in Europa. Eine Fotomontage zeigt Bundeskanzlerin Angela Merkel und die Lenker Frankreichs und Italiens, François Hollande und Matteo Renzi, als Kapitäne eines bereits untergehenden Papierschiffchens – auf dem EZB-Präsident Mario Draghi als einziger verzweifelt versucht, das Wasser herauszuschöpfen.
Ist es wirklich so schlimm? Droht das Schiff Europa unterzugehen? Wegretuschieren lässt sich die Darstellung nicht, das wissen die europäischen Regierungschefs. Sie arbeiten an einem neuen Bild Europas. Skizzen liegen vor, Positionen und Forderungen werden in dem vorliegenden Buch formuliert. „Wie Europa gelingen kann", das sagen in Interviews Bundeskanzler Werner Faymann, Deutschlands Vizekanzler und Wirtschaftsminister Sigmar Gabriel, die EU-Chefdiplomatin Federica Mogherini sowie in Beiträgen die international bekannten Ökonomen Marcel Fratzscher, Peter Bofinger sowie der Steuerexperte Jeffrey Owens.

Für Faymann ist Solidarität eine Grundvoraussetzung für eine Weiterentwicklung und Verbesserung Europas. Solidarisches Handeln ist für den Bundeskanzler kein abstrakter Wert, sondern ein konstitutives Element des europäischen Projektes. Solidarität ist der Kitt der Europäischen Union und Solidarität hat es in schwierigen Phasen immer gegeben, zuletzt gegenüber vielen Banken. Den Bankrott großer Finanzinstitute galt es in der Krise zu verhindern, weil ein Zusammenbruch auch andere Wirtschaftszweige mitgerissen hätte. Das hätte viele Arbeitsplätze gekostet und die sozialen Systeme zerstört. Faymann verteidigt die Bankenrettung aus Gründen der Vernunft, und er verteidigt sie auch gegenüber rechten Nationalisten und Populisten, die daraus nur politisches Kleingeld schlagen wollen. „Jobkiller-Parteien", nennt der deutsche Vizekanzler und Wirtschaftsminister Sigmar Gabriel etwa die FPÖ und die deutsche AfD (Alternative für Deutschland).

Der SPÖ-Vorsitzende spannt hier den Bogen zur Weltwirtschaftskrise der 1930er Jahre, die in Europa zu Nationalismus, Faschismus und Holocaust geführt hat, der größten Katastrophe der Menschheit.

Faymann verlangt diese Solidarität auch in der aktuellen Situation gegenüber den vielen Arbeitslosen in der EU. Der Kampf gegen die Arbeitslosigkeit kann aber nur gemeinsam geführt werden. „Die Suche nach dem gemeinsamen Nenner mit mittlerem Aufwand, das reicht jetzt nicht aus. Die gleiche Spannung, Überzeugung, Tatkraft, die in dieser Krisensituation geherrscht haben, müsste man jetzt wieder schaffen, um einen Schutzschirm gegen Arbeitslosigkeit und für Zukunftsinvestitionen zu schaffen." Also, aus der Krise heraus investieren – in die Wirtschaft und in das Sozial- und Bildungssystem – ist das Credo des Kanzlers.

Mehr Solidarität und gleichzeitig weniger nationaler Individualismus – Faymann nennt es „Rosinenpicken" – seien „die Nagelprobe der EU", als Schutz gegen Radikalismus, aber auch um das Vertrauen der Menschen in das europäische Projekt zu stärken.

Der deutsche SPD-Vorsitzende Sigmar Gabriel appelliert an die EU-Kommission, stärker gemeinsame Ziele zu verfolgen, die EU-Bürokratie abzubauen und das Wettbewerbsrecht investitionsfreundlicher zu reformieren. „Die Ziele müssen Wachstum und Reindustrialisierung lauten. Denn wenn auf Dauer so viele Menschen ohne Arbeit und Einkommen bleiben, wird das Europa zerstören. Europa lebt nicht davon, dass sich die Finanzmärkte und Banken bei uns wohl fühlen, sondern nur, wenn die Menschen das Versprechen auf Frieden und sozialen Wohlstand im Alltag auch erleben."

Reindustrialisierung heißt aber nicht, uralte Industrien am Leben zu erhalten, Reindustrialisierung bedeutet heute Investitionen in Energie und Energieeffizienz, Umwelt, Digitalisierung, neue Technologien sowie die Modernisierung vorhandener Produktions- und Dienstleistungsstrukturen.

Mehr Solidarität in der EU impliziert auch mehr Gerechtigkeit – darüber sind sich Faymann, Gabriel und auch die Experten, die in diesem Buch zu Wort kommen, einig: Steuergerechtigkeit ist in diesem Zusammenhang ein wichtiges Stichwort. Das bedeutet größere Anstrengungen gegenüber Steuerbetrug und Steuertricksereien in der EU, jährlich gehen dadurch 1000 Milliarden Euro verloren, aber auch mehr Gerechtigkeit in den nationalen Steuersystemen. Hier plädiert der SPÖ-Chef für eine stärkere Ausgewogenheit in Österreich. Die Statistik zeigt es: Was die Steuern auf Arbeit angeht, liegt Österreich im Spitzenfeld, was die Steuern auf Vermögen angeht, an drittletzter Stelle im EU-Ranking.

Zu einem Neustart Europas – oder zu einem besseren Gelingen – gehört auch eine gemeinsame Außen- und Sicherheitspolitik, die diesen Namen verdient. Faymann ist für eine Koexistenz von neutralen Staaten und solchen, die einem Militärbündnis angehören. Er verteidigt den neutralen Status von Österreich, weil dieser der Regierung auch erlaubt, als neutraler Makler in Konflikten aufzutreten. An der EU-Spitze wird die Rolle Österreichs in der aktuel-

len Ukraine-Russland-Krise sehr geschätzt, vernehmen die Autoren des Buches in Brüssel.
Die neue EU-Chefdiplomatin Federica Mogherini will gerade in den Konfliktregionen dieser Welt – in den östlichen Nachbarländern, am Balkan ebenso wie im Nahen Osten – die EU stärker positionieren. Um die Sicherheit Israels zu garantieren, spricht sich Mogherini nicht nur für die Lösung der Palästina-Frage aus, sondern auch für ein Abkommen zwischen den arabischen Staaten und Israel. „Klar ist, es muss mehr getan werden."
Zum wichtigsten Teil dieses Bildes von Europa gehören Wachstum und Beschäftigung, der vorliegende Band handelt davon. Für Europas Politiker, Wirtschaftsvertreter, Manager, Banker, Abgeordnete des Europäischen Parlaments, Gewerkschaftsfunktionäre und die neu gewählten Spitzen der EU ist Wachstum das Wundermittel gegen Arbeitslosigkeit, Investitionsmüdigkeit und Stagnation.
Doch wie soll dieses Wachstum entstehen? Wie soll es gefördert werden? Das sind die Schlüsselfragen, die ganz Europa beschäftigen. Die Erholung in der Eurozone verliert wieder an Fahrt, um die Stimmung der Verbraucher steht es nicht zum Besten, das Kreditwachstum ist schwach, warnt der Chef der Europäischen Zentralbank Mario Draghi.[27] Der Chef des Deutschen Instituts für Wirtschaftsforschung (DIW), der international bekannte Ökonom Marcel Fratzscher, konstatiert: „Europa ist noch immer in der Krise, und einiges deutet auf eine erneute Vertiefung der Krise hin."[28] Darüber hinaus gibt es immer noch eine inakzeptabel hohe Arbeitslosigkeit – 25 Millionen Menschen haben in der EU keine Beschäftigung – davon fünfeinhalb Millionen Junge, die arbeiten und etwas leisten wollen und auf eine Chance warten.
Neueste Zahlen zeigen die Größe der Aufgabe, vor der Europa steht: Für die 34 OECD-Länder wird im Jahr 2015 ein Wachstum von 2,8 Prozent erwartet. In den Ländern der Eurozone sollen es 1,7 Prozent sein. Europa muss aufholen, Europa muss investieren. Die Aufholjagd wird erschwert durch den ukrainisch-russischen

Konflikt, die Krisen und Bürgerkriege im Nahen Osten sowie den islamistischen Terror der IS-Truppen. Diese Entwicklungen drücken auf die Wirtschaftslage und schaffen Verunsicherung bei den Konsumenten. Viele Unternehmen und Investoren sind vorsichtiger geworden und fragen sich, was passiert weiter, was kommt noch.

Mehr Wachstum für Europa

Im Kern geht es um die wirtschaftspolitische Glaubensfrage, um die seit Beginn der Finanz- und Schuldenkrise gerungen wird: Mehr oder weniger Europa in der Politik? Für Parteien links und rechts der Mitte ist es selbstverständlich: In der globalisierten Welt, im Europäischen Binnenmarkt mit der gemeinsamen Währung kann es kein Zurück zum isolierten Nationalstaat geben. In der Mitte der Gesellschaft und auch in der Politik gibt es einen Grundkonsens darüber, dass Wachstum nicht ohne Strukturreformen und gezielte öffentliche und private Investitionen möglich ist. Außer Streit steht auch, dass Haushaltsdisziplin nötig ist, um die Schuldenberge nicht anwachsen zu lassen, denn: Die Schuldendienste machen die Staaten abhängig, nehmen ihnen den Spielraum für Zukunftsinvestitionen und gefährden letztendlich die soziale Sicherheit und den Zusammenhalt in der Gesellschaft.
Deutschland und Frankreich sind unterschiedliche Wege bei der Bewältigung der Krise und in punkto Haushaltsdisziplin gegangen, langsam führen sie wieder zusammen. Ein Streitpunkt zwischen Berlin und Paris war die Auslegung des Wachstums- und Stabilitätspaktes, wobei Frankreich mehr Flexibilität forderte. Mit Übernahme der italienischen Regierung durch den energischen Sozialdemokraten Matteo Renzi und den überraschend hohen Gewinn seiner Partei bei der Europa-Wahl am 25. Mai 2014 – er erhielt 41 Prozent der Stimmen – hat Frankreich einen engen Ver-

bündeten für seine Forderung nach einem großzügig interpretierten Stabilitätspakt bekommen.

Einig sind sich die Länder, dass die Nachfrage gestützt, die Löhne moderat erhöht und mehr investiert werden soll, damit es mehr Wachstum in Europa gibt. „Derzeit bauen die Unternehmen neue Fabriken vor allem im Ausland, und der Staat gibt zu wenig Geld für Autobahnen, Datennetze oder Kitas aus. Das soll sich ändern", sagt Marcel Fratzscher, Chef des Deutschen Instituts für Wirtschaftsforschung und Berater des deutschen Vizekanzlers und Wirtschaftsministers Sigmar Gabriel (SPD).[29] Seine zentrale These lautet: Deutschland muss mehr investieren, nicht nur, um sich selbst, sondern auch, um der Eurozone zu helfen. Denn: Deutschland kann wirtschaftlich nur dann florieren, wenn es auch Europa gut geht.[30] Deutschland ist jetzt schon das wichtigste konjunkturelle Zugpferd in der Eurozone.

Zu den Befürwortern einer neuen Wirtschaftspolitik, die auf Investitionen und eine gerechte Finanzpolitik in der EU setzt, gehört Österreich.

Trotz unterschiedlicher ideologischer Konzepte zur Krisenbewältigung in den Regierungen, eines darf auf keinen Fall übersehen werden: die große Gefahr von rechtsextremen, nationalistischen und populistischen Parteien in manchen Staaten, die den Austritt aus dem Euro wollen, die Währungsunion ablehnen und die EU-Mitgliedschaft ihres Landes aufgeben wollen. Wer diese Gefahr leugnet, will politisch provozieren.

Die entscheidende Frage ist: Wie können die EU-Staaten die Notwendigkeit, zu sparen, sinnvoll hauszuhalten, Wachstum und neue Jobs zu schaffen, wettbewerbsfähig zu bleiben und die soziale Balance zu halten, in Einklang bringen? Eine große Aufgabe ist das ganz sicher.

Erwartungen an die Juncker-Kommission

Neben den nationalen Anstrengungen in den Mitgliedsländern gibt es Hoffnungen in die neue Europäische Kommission des christdemokratischen Kommissionspräsidenten Jean-Claude Juncker und in das Europäische Parlament.

Juncker selbst ist pragmatisch und nicht absolut auf die strenge Auslegung und Anwendung des Stabilitätspaktes fixiert, er will ihn flexibel gestalten. Solche Töne kommen auch aus den USA, vom Internationalen Währungsfonds, namhafte Ökonomen äußern sich ähnlich. Beim Treffen der Nobelpreisträger im August 2014 in Lindau am Bodensee waren sich die anwesenden Wirtschaftswissenschaftler einig: Der Kontinent muss die Wachstumsschwäche überwinden, auch wenn dafür die Defizitregeln locker ausgelegt werden.[31]

Ein positives Signal setzten die Staats- und Regierungschefs bei ihrem Gipfeltreffen Ende Juni 2014. In den Schlussfolgerungen kann man lesen, dass die europäischen Verträge beim strikten Defizitabbau einen Spielraum „im Falle außergewöhnlicher Umstände", wie schwaches Wachstum gepaart mit niedriger Inflation, zuließen.

Was Brüssel künftig plant und die Juncker-Kommission als Turbo für die Wirtschaft vorschlägt, ist nicht unwesentlich für die Erholung der Konjunktur. Die Erwartungen vieler Länder in eine Wachstums- und Investitionsoffensive der EU sind groß. Juncker hat in seiner Rede im Europäischen Parlament am 15. Juli 2014 ein anspruchsvolles Wachstums- und Investitionsprogramm versprochen, das ab 2015 in drei Jahren 300 Milliarden Euro an öffentlichen und privaten Investitionen mobilisieren soll. „Wir haben keine Zeit zu verlieren", sagte Juncker, und er hat Wachstum, Investitionen und Arbeitsplätze zur „höchsten Priorität" seiner Regierungszeit erklärt. „Solange 25 Millionen Menschen in Europa ohne Arbeit sind, stecken wir noch in der Krise."

Juncker ist Realist und er weiß, dass Jobs nicht in erster Linie von den EU-Institutionen geschaffen werden, sondern von Unternehmen, vor allem von kleinen und mittleren Betrieben, sowie durch gezielte politische Entscheidungen und Rahmenbedingungen. Wachstum durch Reformen und Investitionen, das wäre der Weg, um die erschreckend hohe Arbeitslosigkeit zu reduzieren. Und das sind auch die Ziele, die Werner Faymann oder Sigmar Gabriel mit Nachdruck verfolgen.

Welchen Aufholbedarf es bei Investitionen gibt, zeigt eine Zahl: 2013 lagen die Investitionen in der EU um 15 Prozent unter dem Niveau von vor der Krise.[32]

Möglich wäre Folgendes: Wer sich verbindlich verpflichtet, zu reformieren, der darf mehr ausgeben – wenn er mehr in Infrastruktur investiert, Straßen und Netze modernisiert und mehr in Bildung und Forschung steckt. So tun es auch die USA, China und Südkorea.

Europa braucht die Voraussetzungen und Bedingungen, dass Unternehmen wieder investieren und neue Arbeitskräfte einstellen können. Dabei soll das 300 Milliarden Euro schwere Projekt der EU-Kommission helfen. Treiber einer europäischen Reform- und Wachstumspolitik können die Mitgliedsländer im Zusammenspiel mit der Brüsseler Kommission und dem Europäischen Parlament sein. Beispiele für eine enge Kooperation und einen gemeinsamen politischen Willen sind in der Vergangenheit in den großen Projekten des Binnenmarktes und der Wirtschafts- und Währungsunion zu finden. Dazu braucht es aber starke Kräfte an der Spitze, Politiker mit Engagement, Mut und einer Vision, den Kommissionspräsidenten mit seinen Plänen und Prioritäten sowie die Abgeordneten im Europäischen Parlament. Sie alle können für Europa Reformen formulieren und durchsetzen, die nötig sind, um voranzukommen und die nächste Krise zu vermeiden. Europa braucht ein neues Konzept, um nicht wirtschaftlich, sozial, intellektuell und in seinem kreativen Potenzial entkräftet und politisch bedeutungslos zu werden.

Krisen erlauben Fortschritte

Ein Blick zurück: Am Höhepunkt der Schuldenkrise im Jahr 2012 hat die Europäische Zentralbank mit einem Schlag den Teufelskreis unterbrochen. Die Ankündigung, wir kaufen notfalls ohne Limit Anleihen, um verschuldeten Staaten zu helfen, hat die Lage auf den Finanzmärkten beruhigt und die weiteren Spekulationen auf den Bankrott von Staaten und das Ende des Euro gebremst. Es war eine Art gemeinsame Haftung, dazu kam die Errichtung des permanenten Rettungsschirmes ESM. Die gemeinsame Haftung war die Bazooka, die EZB-Chef Draghi in die Hand nahm. Die EZB ist an einer dauerhaften Lösung der Krise entscheidend beteiligt, im Herbst 2014 hat die EZB abermals ihre Geldpolitik gelockert, aber auch warnend angemerkt: „Ohne Reformen werden wir kein nachhaltiges Wachstum haben und keine neuen Arbeitsplätze schaffen."[33]

Europa hat durch die schwere Wirtschafts- und Finanzkrise gelernt: Die Institutionen der Währungsunion wurden verbessert, untereinander wurde Solidarität geübt, es wurden Verfahren entworfen, die eine solide Haushalts- und nachhaltige Wirtschaftspolitik wahrscheinlicher machen.

Auch die Finanzmärkte sind heute besser reguliert. Banken haben mehr Eigenkapital. Die neuen Haftungsregeln in der beginnenden Bankenunion verringern zusätzlich das Risiko für die Steuerzahler. Die EZB ist seit Anfang November Bankenaufsichtsbehörde für die Eurozone. Damit ist die Kontrolle über mächtige Institute gegeben. „Das ist der größte Schritt der wirtschaftspolitischen Integration seit Einführung des Euro", sagt EZB-Chef Mario Draghi.

Schritt für Schritt nähert sich Europa und nähert man sich auch global dem automatischen Austausch von Steuerdaten im Kampf gegen internationale Steuerhinterziehung und Steuervermeidung. 1000 Milliarden Euro pro Jahr, so die Schätzung von Experten, kostet die EU systematisch praktizierter Steuerbetrug.

Energisch müsste die EU auch gegen Steuersparmodelle in den eigenen Reihen vorgehen. Seit Jahren steht zum Beispiel Irland wegen seiner Steuerschlupflöcher für ausländische Konzerne am Pranger. Selbst Wirtschaftslobbyisten halten einen besonders umstrittenen legalen Trick für rufschädigend. Der Druck der EU zeigt Wirkung: Mit dem Trick namens „Double Irish" verschieben amerikanische Großkonzerne wie Google und Microsoft bisher Gewinne in zweistelliger Milliardenhöhe via Irland in Steueroasen. Die Regierung in Dublin ist nun entschlossen, dem einen Riegel vorzuschieben.

Führende Wirtschaftswissenschaftler sehen in Steuerschlupflöchern mittlerweile ein Standortrisiko. Das muss die EU ernst nehmen und gemeinsam gegen die aggressive Steuergestaltung von Großkonzernen in allen Mitgliedsländern vorgehen, die EU-Kommission ist aufgerufen, konkrete Aktionspläne zu entwickeln und vorzustellen. Viele Europa-Abgeordnete fordern dies seit Langem – und im EU-Parlament hat die Kommission garantiert einen Verbündeten.

Mehr Demokratie wagen

Drängender als jemals zuvor ist die Frage, wie der Sozialstaat oder das europäische Sozialmodell – trotz Krisenbewältigung – nicht weiter erodiert, sondern runderneuert und modernisiert am Leben bleibt.

Europa, und das sollte den Europäern bewusst sein, ist nach wie vor die größte Wirtschaftsmacht der Welt – und wegen seiner sozialen Stabilität auch Vorbild in der Welt. „Europa hat die Chance, ein vorbildliches Wirtschaftsmodell zu erarbeiten", sagt der Chef des Wirtschaftsforschungsinstituts (WIFO), Karl Aiginger.[34] Dabei sei durchaus ein Blick zurück nützlich, denn: „Europa prosperierte immer dann, wenn es durch ein einigendes Projekt getragen wurde", stellt der Ökonom fest. Damit ist zunächst die Schaffung von Frieden nach den beiden Weltkriegen gemeint, dann die wirtschaftliche Integration, die in die Schaffung des Binnenmarktes mit der Währungsunion und der Einführung des Euro mündete. Heute braucht die EU dringend eine einigende Vision, die helfen würde, wirtschaftliche Rückschläge und nationale Egoismen zu überwinden und den Menschen eine längerfristige Perspektive zu geben. Es handelt sich dabei um ein Paket mit parallelen Maßnahmen: Investitionen, die Wachstum fördern, gleichzeitig der Kampf gegen die Arbeitslosigkeit und die Stärkung des europäischen Sozial- und Gesellschaftsmodells, das weltweit als Vorbild dienen kann.

Aiginger definiert fünf Voraussetzungen für eine Stärkung der Dynamik in Europa: Stabilisierung des Finanzsektors, Reformen und Schaffung von Industriezonen in Südeuropa, Stärkung der Investitionsnachfrage und des Inlandskonsums durch Reformen des Steuersystems, Forcierung von Innovationen, Qualifikation und Betriebsgründungen sowie Nutzung der dynamischen Entwicklung der Weltwirtschaft, aber auch der Nachbarländer der EU.[35]

Trotz nachweisbarer Erfolge des europäischen Weges kommt das WIFO basierend auf den Ergebnissen eines von der Europäischen Kommission in Auftrag gegebenen Forschungsprojektes, „Welfare, Wealth and Work for Europe – WWWforEurope", zu dem Schluss, dass „die Vorteile des europäischen Modells nicht immer erkennbar sind"[36]. Das trifft sowohl für die eigene Bevölkerung als auch für die Beobachter aus anderen Kontinenten zu.

Diesen vergleichbaren Mehrwert der europäischen Integration und Zusammenarbeit hervorzuheben und zu vermitteln, sollte neben konkreten Maßnahmen Ziel und Auftrag europäischer Politik sein.

Spuren in Europa

Ein persönliches Nachwort von Helmut Brandstätter

Es war Mittwoch, der 21. November 1990. In Paris waren die 34 Staats- und Regierungschefs aus den USA, Kanada, Europa und der Sowjetunion seit Beginn der Woche zum Gipfel der KSZE versammelt, der Konferenz für Sicherheit und Zusammenarbeit in Europa. Ich war als Bonner Korrespondent, gemeinsam mit meinem Pariser Kollegen und Freund Lorenz Gallmetzer, dabei, als im Élysée-Palast ein Dokument unterschrieben wurde, das uns so etwas wie den ewigen Frieden in Europa versprach. Wir hatten schon öfters gemeinsam für den ORF von Gipfeltreffen berichtet, wir kannten die Routine aus vorfahrenden Limousinen, Pressestatements und Hintergrundgesprächen. Aber diesmal waren wir mehr als nur zwei Reporter, die ihren Job so gut wie möglich machen wollten. Wir spürten, dass sich die Geschichte Europas gerade grundsätzlich veränderte. Als Kinder der 1950er Jahre hatten wir, er in Südtirol und ich in Wien, den wachsenden Wohlstand, den Streit um die Nazi-Vergangenheit, den Kalten Krieg und den Fall der Mauer erlebt. Aber jetzt ging es plötzlich um die Zukunft des Kontinents, der sich bald ohne Grenzen und frei von militärischer Bedrohung entwickeln könnte. Die „Charta von Paris für ein neues Europa“, die die 34 Länder, neutral oder Mitglieder in zwei Militärbündnissen, verabschiedeten, versprach das jedenfalls. Demokratie und Menschenrechte sollten die Spaltung Europas für immer beenden. Der Sowjetführer Leonid Iljitsch Breschnew hatte ja den KSZE-Prozess angestoßen und 1975 in Helsinki gemeinsam mit US-Präsident Gerald Ford und zwei Deutschen, Bundeskanzler Helmut Schmidt und Staatsratsvorsitzendem Erich Honecker, die Schlussakte unterzeichnet, in der alle Staaten die Unverletzlichkeit der Grenzen, das Selbstbestimmungsrecht der Völker, aber auch die Menschenrechte garantierten. Breschnew hatte vor allem Letzteres nicht ernst genommen, dabei freilich die Dissidenten im gesamten Ostblock zunächst unterschätzt, die sich immer wieder und immer öfter darauf berufen konnten. Die Charta 77, gegründet in Prag im Jänner 1977 mit dem Schriftsteller und späteren Staatspräsidenten Václav Havel, war nur eine dieser Bewegungen. Aber jetzt entstand eine Charta für ganz Europa, für ein neues Europa.

Die Charta von Paris für ein neues Europa

Dem jungen Michail Gorbatschow vertraute der Westen. Der Reformer meinte es ernst mit Demokratie und Freiheit, und sei es nur, weil er sah, dass er den Ostblock aus wirtschaftlichen Gründen nicht mehr zusammenhalten konnte. Schon vor dem Fall der Berliner Mauer, bei der dritten KSZE-Folgekonferenz in Wien zwischen 1986 und 1989, wurden die Grundlagen für die Pariser Charta entwickelt. Natürlich hatten die Veränderungen in Osteuropa Wortlaut und Geist des Dokuments nochmals verändert. Also lautete die Präambel der Charta:
„Wir, die Staats- und Regierungschefs der Teilnehmerstaaten der Konferenz über Sicherheit und Zusammenarbeit in Europa, sind in einer Zeit tiefgreifenden Wandels und historischer Erwartungen in Paris zusammengetreten. Das Zeitalter der Konfrontation und der Teilung Europas ist zu Ende gegangen. Wir erklären, daß sich unsere Beziehungen künftig auf Achtung und Zusammenarbeit gründen werden. Europa befreit sich vom Erbe der Vergangenheit. Durch den Mut von Männern und Frauen, die Willensstärke der Völker und die Kraft der Ideen der Schlußakte von Helsinki bricht in Europa ein neues Zeitalter der Demokratie, des Friedens und der Einheit an.“

Ein neues Zeitalter, in der Tat. Als Reporter mit Erfahrung im Dechiffrieren von derartigen Texten war ich es gewohnt, Botschaften und politische Absichten hinter den schönen Worten zu suchen. Aber hier spürten wir, und ich erinnere mich 24 Jahre danach noch genau an das Gefühl, dass sich Europa 45 Jahre nach dem schrecklichsten Krieg der Menschheitsgeschichte grundsätzlich verändern werde.

Nun war auch 1990 klar, dass wir nicht schnurstracks auf dem Weg ins Paradies waren, im Gegenteil, Probleme waren vorgezeichnet. Bundeskanzler Franz Vranitzky sagte nur wenige Wochen vor dem Pariser Gipfel in einem Interview mit der deutschen Wochenzeitung *Die Zeit*: „Die Zeiten sind schwierig, denken Sie an Jugoslawien, wo die Völker unglaublich ringen, ihre Verhältnisse zueinander neu zu ordnen." Das war geradezu prophetisch, obwohl noch niemand wissen konnte, wie blutig sich der Zerfall Jugoslawiens und das Entstehen neuer Staaten gestalten würden. Aber es gab den Glauben an eine neue europäische Architektur, bei der sich alle Völker mit demokratischen Strukturen beteiligen könnten. Und für Österreich war zu diesem Zeitpunkt der Weg in die europäische Gemeinschaft bereits vorgezeichnet. Vranitzky: „Wir haben uns hier entschlossen und entschieden, einen Antrag auf Mitgliedschaft in der Europäischen Gemeinschaft zu stellen. Wir tun dies unter dem Aspekt, dass es nach der Fertigstellung des Binnenmarkts für uns notwendig ist, dabei zu sein. Wir tun es aber auch, weil wir meinen, dass wir zum europäischen Integrationsprozess einen wichtigen Beitrag leisten können. Wir gehören zu den gesündesten und reichsten Ländern. Wir haben sehr geordnete soziale Beziehungen. Unser kultureller Reichtum ist groß. Wir haben in den letzten Jahren eine ziemlich offensive Umweltpolitik betrieben. All dies bieten wir an für einen fortgeschrittenen Integrationsprozess. Der Staatsvertrag galt sicher nicht mehr als Hindernis für die Mitarbeit an einem einigen Europa."

Die Chancen der Nachkriegsgeneration

Wer 1955 in Wien geboren wurde, ist ja auch mit dem schwierigen Schicksal der Elterngeneration aufgewachsen. Unsere Väter waren als junge Männer im Krieg, freiwillig oder gezwungen, oder sie waren aus politischen, religiösen oder ethnischen Gründen im Widerstand, im KZ, wurden vertrieben oder gar ermordet. Frieden, Freiheit und Demokratie kannte keiner aus seiner Jugend.
Mein Vater, Sohn eines christlich-sozial eingestellten Bauern aus dem niederösterreichischen Semmering-Gebiet, erzählte, dass in seiner Schulklasse Mitte der 1930er Jahre in Wiener Neustadt alle Jugendlichen sehr politisiert waren, als Nazis, Kommunisten oder Christlich-Soziale – nur Demokraten gab es keine. Er und seine christlich-sozialen Freunde sahen sowohl in Stalin als auch in Hitler den Teufel. Sie wären im März 1938 gegen die Deutschen marschiert, hätte man sie nur bewaffnet. Schließlich landete er selbst als Soldat in Hitlers Armee.
Meine Generation ist völlig anders aufgewachsen. Wir haben Europa und die Welt nicht in Uniform, sondern mit Interrail-Karte, als Autostopper oder als Studenten kennengelernt, ich persönlich auch beim Studium an der amerikanischen Johns-Hopkins-Universität in Bologna und als Volontär bei der Europäischen Kommission in Brüssel. Nationalismus kam da nur selten auf, etwa wenn Türken und Griechen über Zypern stritten. Über englische Kochkünste, italienische Pünktlichkeit oder deutsche Eleganz haben wir gewitzelt, ohne dass jemand beleidigt gewesen wäre. Und uns allen war klar, dass manche unserer Väter vielleicht aufeinander geschossen haben.
Als Journalist bin ich dann wieder ständig auf die europäische Geschichte gestoßen. Natürlicherweise als ORF-Korrespondent in der Bundesrepublik Deutschland, wo ich erlebte, wie ernsthaft die deutsche Politik mit der Nazi-Vergangenheit umging. Ein Bürgermeister, der eine antisemitische Anspielung machte, musste

augenblicklich zurücktreten, während man in Österreich damit leider Stimmen holen konnte.
In der Deutschen Demokratischen Republik hatte „die Partei immer recht“, jedenfalls im Lied, das die Sozialistische Einheitspartei gerne singen ließ. Aus dem Text von Louis Fürnberg, „So aus Leninschem Geist wächst von Stalin geschweißt, die Partei“, hatte man Stalin getilgt, aber Ostberlin hörte von allen kommunistischen Staaten am genauesten auf die Befehle aus Moskau. So konnte man in der DDR den real existierenden Sozialismus in seiner reinen Form beobachten. Und es war bedrückend zu sehen, wie junge Leute meines Alters eingesperrt durch Mauer und Stacheldraht ihr Leben vor den westlichen TV-Sendern träumten. Dann kam der Reformer Gorbatschow, den verstanden Honecker und sein Politbüro nicht mehr. Der Streit, ob die deutsche Wende von den mutigen Demonstranten in der Folge der gefälschten Kommunalwahlen vom 7. Mai 1989 ausgelöst wurde, von den Flüchtlingen Richtung Ungarn oder von der katastrophalen Wirtschaftslage der DDR, ist müßig. Helmut Kohl wird ja in dem umstrittenen Buch von Heribert Schwan so zitiert: „Gorbatschow ging über die Bücher und musste erkennen, dass er am Arsch des Propheten war und das DDR-Regime nicht halten konnte.“ Ich habe jedenfalls viele mutige Menschen in der DDR erlebt, die sich vor allem in Kirchen versammelten und von Frieden und Freiheit sprachen. Die Agenten der Staatssicherheit waren jederzeit präsent, meist zu erkennen an ihren sportlichen Schuhen, mit denen sie Regime-Gegner verfolgen, später aber auch ihnen davonlaufen konnten.

Mit Kohl in Warschau – und die Mauer fällt

Jedenfalls war die Verwirrung groß, als Günter Schabowski am 9. November 1989 um ca. 18.00 Uhr zu einer internationalen Pressekonferenz rief. Schabowski war Jahrgang 1929 und in seiner pommerschen Heimat Mitglied der Hitlerjugend gewesen. Nach dem Krieg machte er in Ost-Berlin eine rasante Karriere in der Sozialistischen Einheitspartei Deutschlands (SED), wurde Chefredakteur der Parteizeitung und Mitglied des Zentralkomitees der SED. Wenige Tage vor dem 9. November wurde er zu einer Art Regierungssprecher ernannt, da Ost-Berlin voll mit ausländischen Journalisten war und die SED diese in ihrem Sinn informieren wollte. Doch Schabowski entglitt seine Aufgabe. Unabsichtlich und in bürokratischem DDR-Deutsch verkündete er an diesem Abend die Reisefreiheit für seine Bürger.

Helmut Kohl war seit dem Mittag dieses 9. November 1989 zu einem lange vorbereiteten Staatsbesuch in Warschau. Ich konnte die Verwirrung beim Kanzler und der gesamten Umgebung aus nächster Nähe beobachten. Mit der schnellen Öffnung der innerdeutschen Grenze hatte niemand gerechnet. Kohl flog am nächsten Morgen nach Hamburg und mit einem von der US-Botschaft organisierten Flugzeug weiter nach Berlin – nur Maschinen der Alliierten durften das unter Viermächtestatus stehende Berlin anfliegen –, kehrte aber dann nach Warschau zurück. Immerhin standen noch die so wichtigen Besuche in Auschwitz und Kreisau auf dem Programm. Hier wurde der Nazi-Geschichte gedacht – der Verbrechen im Lager Auschwitz-Birkenau und des katholischen Widerstandes des Kreisauer Kreises.

Dann wurde endlich eine Nachkriegsordnung nicht mit Waffen, sondern friedlich verändert. In den sogenannten „Zwei plus vier"-Gesprächen verhandelten zwei deutsche Staaten mit den vier alliierten Siegern des Zweiten Weltkriegs, um wieder ein Staat zu werden. Mit einem Staatsvertrag erhielt das wiedervereinigte Deutschland seine Souveränität. Am 3. Oktober 1990 gingen die meisten Menschen in der ehemaligen DDR zum ersten Mal in ihrem Leben zu freien Wahlen.

„Deutschland, einig Vaterland" war also schneller gekommen, als sich das ein Jahr zuvor irgendjemand hätte vorstellen können. Dieser Slogan war während der Demonstrationen am Ende der DDR oft skandiert worden, direkt entnommen der Nationalhymne der DDR von Johannes R. Becher. Wobei die Hymne seit Anfang der 1970er Jahre nur mehr instrumental verwendet werden durfte, die Einheit durfte in der DDR nicht mehr erwähnt werden. In der Bundesrepublik wiederum war in Sonntagsreden ständig von der Einheit in Freiheit die Rede, aber kaum jemand dachte, dass sie so schnell und so friedlich kommen würde.

Der Zerfall Jugoslawiens hingegen verlief blutig, noch einmal wurde auf europäischem Boden Krieg geführt. Die Europäische Gemeinschaft war nicht politisch und schon gar nicht militärisch in der Lage, die Auseinandersetzungen zu beenden oder zumindest schlimmste Massaker zu verhindern.

Dafür war der österreichische EU-Beitritt spätestens seit der Wende vorgezeichnet und wurde am 1. Jänner 1995 vollzogen. Der damalige Außenminister Alois Mock hatte bereits viele Jahre zuvor Österreich als Teil eines vereinten Europas gesehen. Bereits 1982, als sonst niemand wagte, von einem EG-Beitritt zu sprechen, argumentierte er für „eine Teilnahme an der Meinungs- und Entscheidungsbildung der Europäischen Gemeinschaft“ und definierte die „europäische politische und wirtschaftliche Einheit“ als politische Aufgabe. Im Jahr 1987 beschloss die ÖVP erstmals, dass Österreich der Europäischen Gemeinschaft beitreten solle.

Die Eurosklerose – eigentlich nichts Neues

Von einer politischen und wirtschaftlichen Einheit sind wir noch heute weit entfernt, und wir würden das nicht so stark spüren, wären wir nicht seit Herbst 2008 in einer tiefen, weltweiten Wirtschaftskrise. Aber seit Beginn der europäischen Einigungsbemühungen gibt es Krisen. Der Begriff „Eurosklerose“ tauchte erst in den 1980er Jahren auf, aber wie schwierig das Zusammenwachsen von Ländern mit so unterschiedlicher Geschichte und Kultur ist, zeigt sich seit den 1970er Jahren, als es erstmals um den Beitritt der Südländer ging. Der Vergleich mit der Echternacher Springprozession – zwei Schritt vorwärts, einer zurück – wurde von vielen Korrespondenten bemüht, zumal Echternach in Luxemburg liegt, von wo wir Brüsseler Korrespondenten regelmäßig berichteten. Es ging nicht immer ums Geld, aber meistens, auch wenn nicht alle so wirkungsvoll wie Maggie Thatcher riefen: „I want my money back." Aber von den 1980er Jahren bis zur deutschen Wiedervereinigung gab es einen deutschen Kanzler, der der Tradition seiner Vorgänger entsprechend wusste: Es muss ein europäisches Deutschland geben, ein deutsches Europa kann keinen Bestand haben. Und Helmut Kohl löste so manches Problem mit der harten D-Mark, wobei er seinem Volk gegenüber sehr klar argumentierte, dass der Beitritt der Spanier und Portugiesen sicher Geld kostet, diese aber künftig mehr Autos und Maschinen deutscher Qualität kaufen werden.

Nationalismus – auch nichts Neues

Die jetzige Krise geht viel tiefer, weil kein Land eine konkrete Aussicht auf Wachstum bieten kann und die europäischen Institutionen bisher zu schwach sind, Investitionen zu garantieren. Es sind gute Zeiten für Populisten, die plötzlich mit nationalistischen Lösungen das Heil versprechen, schlimmer noch, andere Nationen als Ursprung des Unheils sehen, und das 100 Jahre nach Ausbruch des Ersten Weltkrieges. Von den „faulen Griechen" reden die einen, von den „herrschsüchtigen Deutschen" die anderen. In dieser Stimmung kann die Politik gemeinsame Lösungen kaum vermitteln, nur die Europäische Zentralbank ist handlungsfähig. Die nimmt keine Eurobonds auf, die den Zinssatz für die schwächeren Länder senken würden, sondern kauft Ramschanleihen auf. Merkel-Bonds nannte das Sigmar Gabriel, als er noch nicht Wirtschaftsminister einer schwarz-roten Koalition war. Ein Kompromiss – wie es ihn so oft gibt in Europa.

Die Europäische Union gegen die Eurasische Union

Aber wir sind nicht nur in einer Wirtschaftskrise. Russland hat ein Tabu gebrochen und mit der Krim einen Teil eines souveränen Landes erobert. Hier zeigt sich ein Problem meiner Generation. Bedingt durch den Eisernen Vorhang lebten wir fast ausschließlich mit Blick Richtung Westen. Die Ziele von Reisen und Studienaufenthalten lagen überwiegend in Westeuropa und den USA. Ich habe einige Sprachen gelernt und dadurch auch andere Kulturen besser verstanden, aber eben nur im Westen. Der slawische Raum blieb mir, wie den meisten, weitgehend verschlossen. Wir können nicht immer Putin verstehen, aber wir müssten uns mehr darum bemühen, das russische Volk zu verstehen. Da fehlen oft einerseits die Sprachkenntnisse, andererseits der persönliche Zugang zu Menschen und Kultur.

Und im Nahen Osten lösen sich Staaten auf, die nach Ende des Osmanischen Reiches von den europäischen Kolonialmächten gegründet wurden. Da haben wir uns zu lange an eine nur scheinbare Stabilität gewöhnt.

Die Freundschaft zu den Amerikanern wird schwierig

Dazu kommt, dass wir in Europa es immer gewohnt waren, dass die Amerikaner im Zweifel die schwierigen Fälle übernehmen, nicht nur militärisch. Ohne Marshall-Plan hätte sich der westliche Teil des Kontinents nach dem Zweiten Weltkrieg nicht so schnell erholt, wäre auch die wirtschaftliche Überlegenheit des

Westens nicht so drastisch gewesen. Manchmal mussten sich Europäer auch wehren, wenn atlantische Interessen, auch von Großbritannien vertreten, dem Kontinent zu schaden drohten. Der NATO-Doppelbeschluss von 1979, wonach der Westen atomare Pershing-Mittelstreckenraketen aufstellen und über Abrüstung verhandeln wollte, führte vor allem in Deutschland zu einer Politisierung vieler Jugendlicher. Auch ich glaubte nicht daran, dass Krieg durch noch mehr Waffen verhindert werden könnte. Den zunehmenden Anti-Amerikanismus verstand ich zwar nicht, aber für viele Deutsche war das das Ende der deutsch-amerikanischen Freundschaft. In dem umstrittenen Buch „Vermächtnis – Die Kohl-Protokolle" geht es u.a. um einen Gipfel im Jahr 1988, bei dem Maggie Thatcher auch massiv für die Stationierung von zusätzlichen Kurzstreckenraketen mitten in Europa plädierte. Da hielt Kohl dagegen: „Sie hielt eine richtige Durchhalteparolen-Rede, das war eine ziemliche Unverschämtheit." Kohl war ja für Mittelstreckenraketen in Europa als Antwort auf die sowjetischen SS-20, sah aber in Flugkörpern mit geringer Reichweite nur die Gefahr, dass sie für die europäische Selbstauslöschung einsetzbar gewesen wären. Kohl: „Da habe ich dann sehr harsch unsere Position vertreten und ganz direkt zu ihr gesagt: ‚Margaret, jetzt lassen wir mal den Bundeskanzler weg, jetzt sag ich zu dir was als Helmut Kohl.' Dann habe ich die Geschichte erzählt, dass mein Onkel gefallen sei, mein Bruder gefallen sei. Dann hat Vizepräsident Bush auf seine Tischkarte geschrieben: ‚Helmut, a very fine speech', und mir das rübergeschickt." Auch amerikanische Politiker können also Europäer verstehen. Aber wir können uns nicht ewig auf die Amerikaner verlassen, im Gegenteil, die EU muss die gegenwärtige Herausforderung, die der Kurs Putins darstellt, selbst meistern. Der Überfall der Krim war ein klarer Bruch des Völkerrechts, der Rest der Welt hat ihn inzwischen akzeptiert. Umgekehrt wirken die Sanktionen des Westens gegen Russland. Hier zeigt sich, dass es im 21. Jahrhundert in Europa geradezu absurd ist, Grenzen verschieben zu wollen, auf Landgewinn zu setzen. Putin überschätzt auch seine Rohstoffe, wenn er ausländische Unternehmen braucht, sie auszubeuten. Aber Putins Politik, seine Planung einer Eurasischen Union, kann auch ein Weckruf für die EU sein.

Joschka Fischer, grüner deutscher Außenminister zwischen 1998 und 2005, schreibt in seinem jüngsten Buch „Scheitert Europa?" zur Russland-Krise: „Die Europäer stehen nun schreckensbleich vor der Tatsache, dass es sich bei der EU eben nicht nur um einen gemeinsamen Markt, um eine Wirtschaftsgemeinschaft handelt, sondern um einen machtpolitischen Akteur, um eine politische Einheit mit gemeinsamen Werten und gemeinsamen Sicherheitsinteressen."

Das Erbe der großen Europäer

Warum ist das heute manchmal schwer zu vermitteln, dass die Nachkriegsgeneration es ernst damit meinte, dass es in Europa endlich keine Kriege mehr geben dürfe, dass nur Demokratie, Freiheit und Menschenrechte die Basis für ein zufriedenes Leben sein können? Robert Schuman, der Deutsch-Franzose mit luxemburgischer Muttersprache, Alcide de Gasperi, der Trientiner, der 1911 Abgeordneter im österreichischen Reichsrat wurde und unter Mussolini im Gefängnis saß, oder der Rheinländer Konrad Adenauer, der unter den Nazis im Gefängnis war, gelten als Gründerväter der europäischen Einigung, Männer wie Willy Brandt, der von Norwegen aus im Widerstand war, oder Charles de Gaulle, der das freie Frankreich anführte, haben zur europäischen Einigung beigetragen. Man braucht doch hoffentlich nicht die Erfahrung von Krieg und Gewalt, um für Frieden und Freiheit einzutreten!

Mein erstes Interview, das ich als junger ORF-Redakteur im Jahr 1982 machen durfte, führte ich mit Lew Kopelew. Es sind mir nicht nur der gewaltige weiße Bart und die eindrucksvolle Stimme in Erinnerung, Kopelew war eine herausragende Persönlichkeit des vergangenen Jahrhunderts. Geboren im Jahr 1912 in Kiew als Sohn russischer Juden, wurde er begeisterter Kommunist und blieb dies auch, als er in Stalins Straflager landete. Im Gulag lernte er unter anderem Alexander Solschenizyn kennen und wurde erst 1954, ein Jahr nach Stalins Tod, freigelassen. Gemeinsam mit Solschenizyn, Andrej Sacharow und anderen kämpfte er für die Menschenrechte in der Sowjetunion, was zu Verfolgung und zur Ausbürgerung im Jahr 1981 führte. Er siedelte sich in Köln an, nahe bei seinem Freund Heinrich Böll. Die Lebensaufgabe für Lew Kopelew und seine Frau Raissa Orlowa wurde der Kampf für Freiheit und die Versöhnung der Völker. Was würde Kopelew sagen, wenn die EU heute als „EUdSSR" oder „Völkergefängnis" geschmäht wird? So wird ganz dumm und historisch verfälschend gegen die EU Stimmung gemacht. Wenn das anonyme Poster im Internet tun, ist es ärgerlich, wenn es gewählte Politiker tun, dann ist es verantwortungslos.

Die Gründer der Europäischen Gemeinschaft spürten ihre Verantwortung nach dem Zweiten Weltkrieg, wir jungen Volontäre in Brüssel waren uns einig, dass unsere Freiheit in der Geschichte Europas einzigartig ist. Darüber müssen wir reden, viel öfter als bisher. Der deutsche Bundeskanzler Konrad Adenauer hatte schon recht, dass ein Staat alleine nicht seine Zukunft bestimmen kann, wir sind einfach voneinander abhängig: „Europas Geschick ist das Geschick eines jeden europäischen Staates." Und weil wir auf einem Kontinent leben, dessen Schicksal von jeher durch Kriege bestimmt war, ist auch der Satz von Jean-Claude Juncker richtig: „Wer an Europa zweifelt, sollte öfters Soldatenfriedhöfe besuchen."

Danksagung

Europa zu stärken, der Frage nachzugehen, wie Europa besser gelingen kann, wie auch die Bürger ein größeres Vertrauen in dieses Projekt haben können – all das waren unsere Motive für das vorliegende Buch. Das Tempo, die Dynamik und das Engagement bei seiner Fertigstellung haben wir vielen zu verdanken: An erster Stelle sei hier Raphael Sternfeld erwähnt, ihm gilt ein großes Danke.

Barbara Köszegi und Martin Scheriau vom Verlag Kremayr & Scheriau haben viel Geduld und höchste Professionalität gezeigt.

Wir danken für wertvolle Hinweise und Hilfen Karin Höllwerth, Elisabeth Temper, Alexandra Mayer, Patrizia Steyer-D'Acerno, Sabine Hübler, Christopher Berka, Tobias Schmitzberger und Enrico Petrocelli.

Gedankt sei auch allen, die für Interviews und Gespräche in diesem Buch zur Verfügung standen.

Wir bedanken uns auch bei allen Gesprächspartnern, die wir in den vergangenen Jahrzehnten in ganz Europa getroffen haben und durch die wir diesen einzigartigen Kontinent besser verstehen gelernt haben.

Die Tantiemen der Buchautoren Margaretha Kopeinig und Helmut Brandstätter kommen der Aktion „KURIER-Lernhaus“ zugute.

Helmut Brandstätter, Margaretha Kopeinig

Wien, 27. Oktober 2014

Schuldenquote

Öffentlicher Bruttoschuldenstand in Prozent des BIP (Länderauswahl)

2008 **2013** (nach Erscheinen des Buches neue Berechnung des Schuldenstandes und des BIP, das heißt tendenziell Anstieg des Schuldenstands und des BIP)

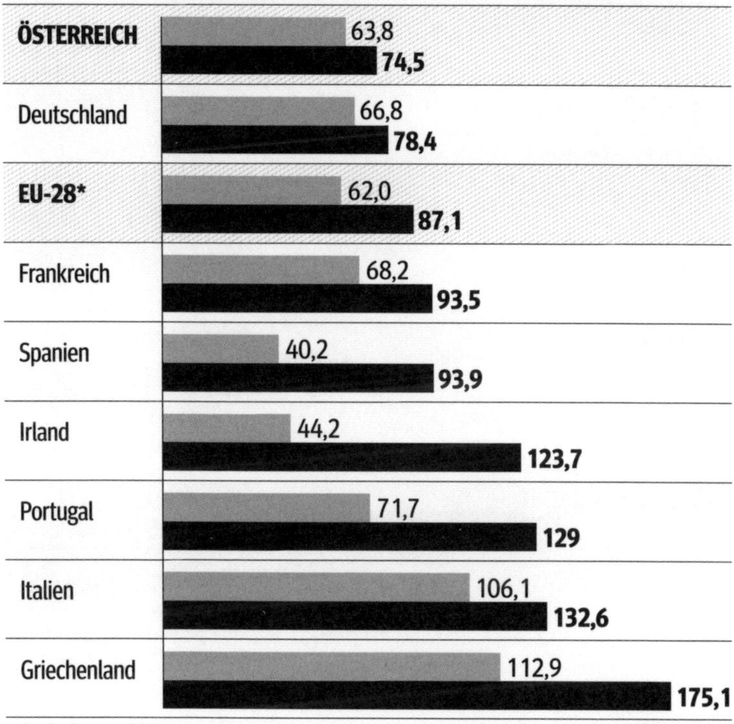

Quelle: Eurostat 2013

*) 2008 = EU-27

BIP-Wachstum
in Prozent (Länderauswahl)

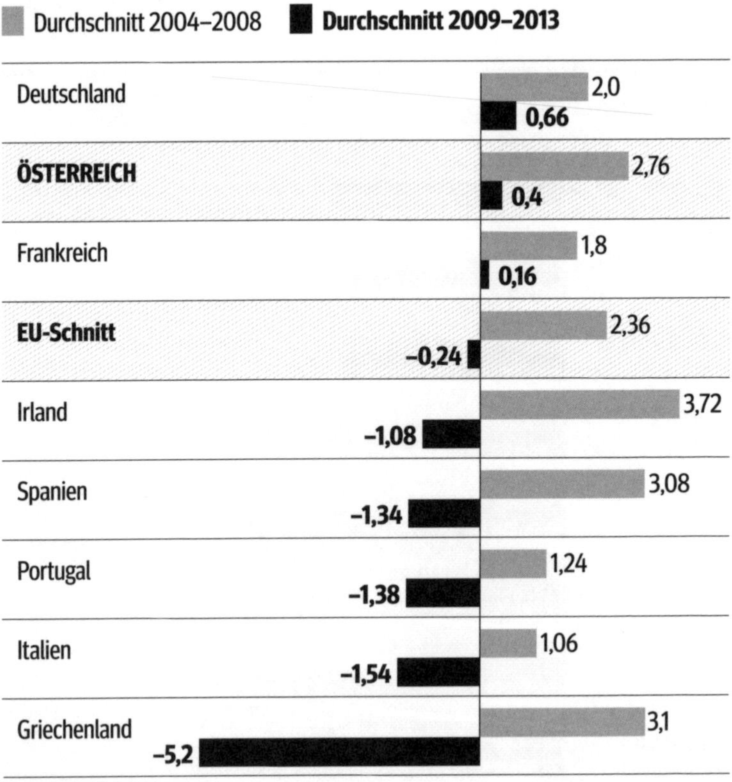

Quelle: Eurostat 2013

BIP pro Kopf
in Kaufkraftstandards, Index: EU-28 = 100 (Länderauswahl)

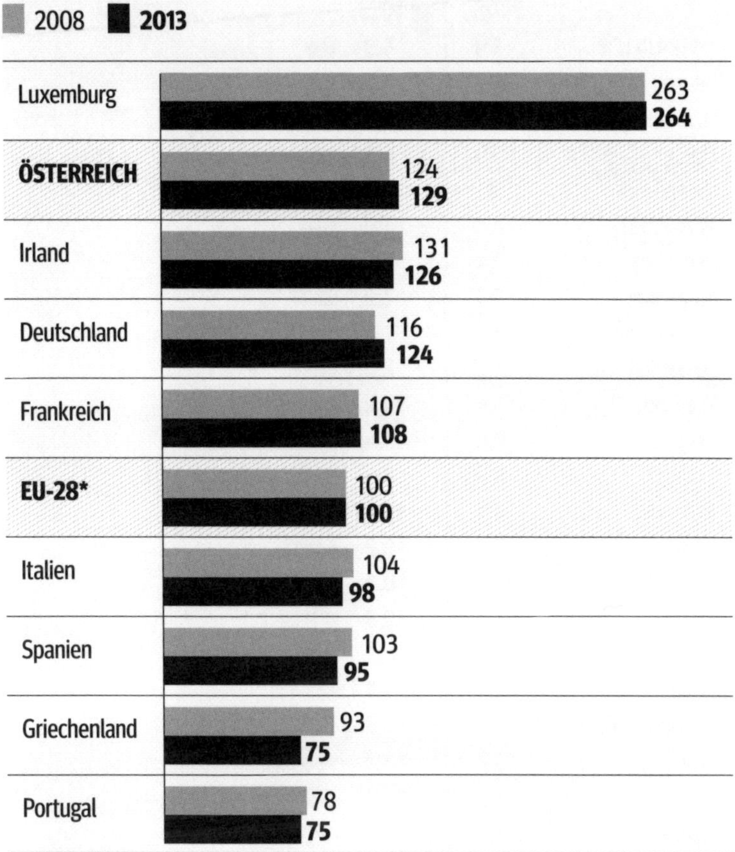

Quelle: Eurostat 2013 *) 2008 = EU-27

Arbeitslosigkeit

Quote gesamt in Prozent

	2008	**2013**
ÖSTERREICH	3,8	**4,9**
Deutschland	7,5	**5,3**
Luxemburg	4,9	**5,9**
Malta	6,0	**6,4**
Niederlande	3,1	**6,7**
Tschechien	4,4	**7,0**
Dänemark	3,4	**7,0**
Rumänien	5,8	**7,3**
Großbritannien	5,6	**7,5**
Schweden	6,2	**8,0**
Finnland	6,4	**8,2**
Belgien	7,0	**8,4**
Estland	5,5	**8,6**
Slowenien	4,4	**10,1**
Ungarn	7,8	**10,2**
Frankreich	7,4	**10,3**
Polen	7,1	**10,3**
EU-28*	7,0	**10,8**
Litauen	5,8	**11,8**
Lettland	7,7	**11,9**
Italien	6,7	**12,2**
Bulgarien	5,6	**13,0**
Irland	6,4	**13,1**
Slowakei	9,6	**14,2**
Zypern	3,7	**15,9**
Portugal	8,5	**16,4**
Kroatien	8,4	**17,2**
Spanien	11,3	**26,1**
Griechenland	7,8	**27,5**

Quelle: Eurostat 2013

*) 2008 = EU-27

Jugendarbeitslosigkeit

Arbeitslosenquote der unter 25-Jährigen in Prozent

	2008	**2013**
Deutschland	10,6	**7,9**
ÖSTERREICH	8,0	**9,2**
Niederlande	6,3	**11,0**
Dänemark	8,0	**13,0**
Malta	11,7	**13,0**
Luxemburg	17,3	**16,9**
Estland	12,0	**18,7**
Tschechien	9,9	**18,9**
Finnland	16,5	**19,9**
Großbritannien	15,0	**20,5**
Slowenien	10,4	**21,6**
Litauen	13,3	**21,9**
Lettland	13,6	**23,2**
EU-28*	15,8	**23,5**
Rumänien	18,6	**23,6**
Schweden	20,2	**23,6**
Belgien	18,0	**23,7**
Frankreich	19,0	**24,8**
Irland	13,3	**26,8**
Ungarn	19,9	**27,2**
Polen	17,2	**27,3**
Bulgarien	11,9	**28,4**
Slowakei	19,3	**33,7**
Portugal	20,5	**38,1**
Zypern	9,0	**38,9**
Italien	21,3	**40,0**
Kroatien	21,9	**49,7**
Spanien	24,5	**55,5**
Griechenland	21,9	**58,3**

Quelle: Eurostat 2013

*) 2008 = EU-27

Steuern auf Arbeit*

2012 in Prozent der Gesamtabgaben

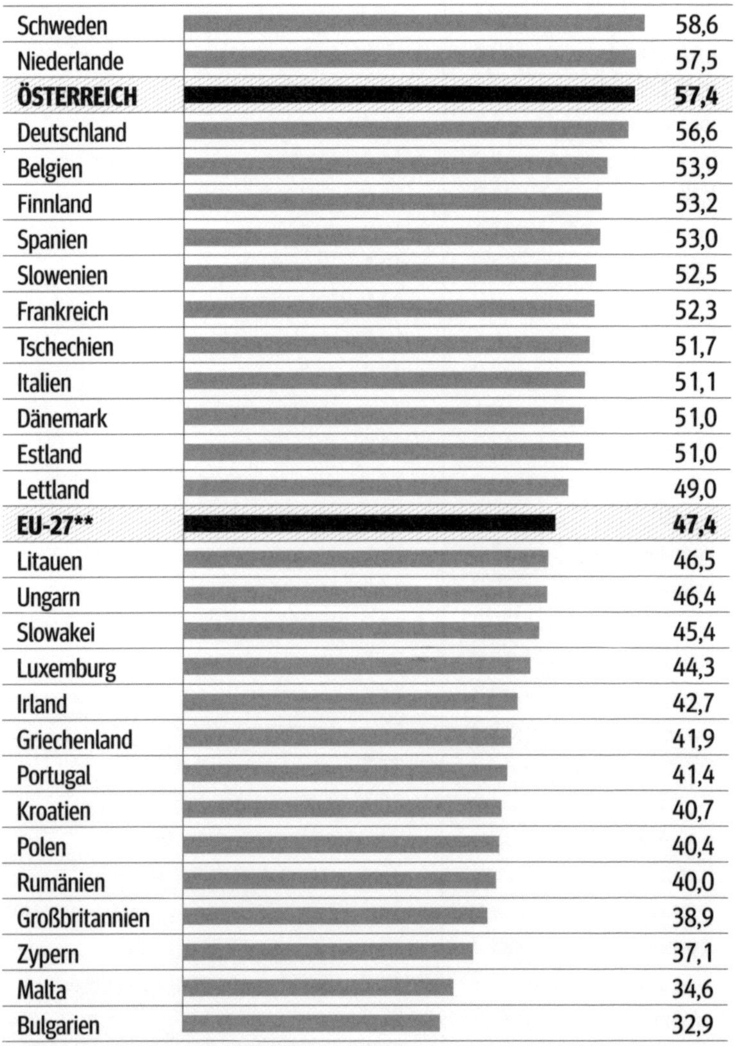

*) Gesamtbelastung des Faktors Arbeit (Steuern und Sozialversicherungsbeiträge)

**) vor dem Beitritt Kroatiens im Juli 2013 — Quelle: Eurostat 2012

Steuern auf Vermögen

2012 in Prozent der Gesamtabgaben

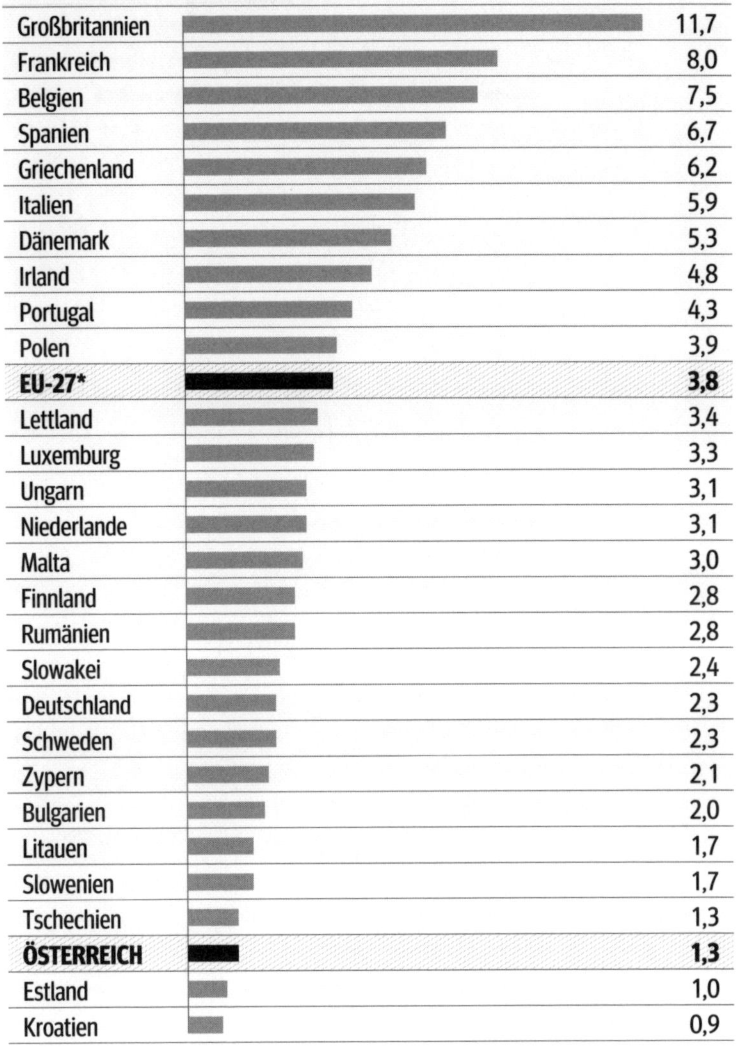

Quelle: Eurostat 2012

*) vor dem Beitritt Kroatiens im Juli 2013

Anmerkungen und Quellen

1 Hearing im EU-Parlament am 6. Oktober 2014 in Straßburg

2 Pressekonferenz von Federica Mogherini am 30. August 2014 in Brüssel

3 2009: 5,8 Milliarden Euro; 2010: 6,2 Milliarden Euro; vgl. dazu: WIFO-Berichte

4 APA, 11. November 2009

5 Kopeinig, Margaretha: Jean-Claude Juncker, Der Europäer, Wien 2014, Czernin-Verlag, S. 212

6 Ebd., S. 213

7 Quartalsbericht über die Beschäftigungssituation und die soziale Lage in der EU, EU-Kommission, 6. Oktober 2014

8 dpa, 2. September 2014

9 Reuters, 4. September 2014

10 Reuters, 4. September 2014

11 In diesen Verbriefungen, so genannten Asset-backed Securities (ABS), können Geldhäuser Kreditrisiken bündeln, aus der Bilanz auslagern und auf dem Finanzmarkt handeln. Idealerweise haben sie dann mehr Mittel frei, um neue Darlehen zu vergeben.

12 Reuters, 6. Oktober 2014

13 Reuters, 6. Oktober 2014

14 APA, 24. September 2014

15 Im Stabilitäts- und Wachstumspakt ist konkret geregelt, dass Staaten die Höhe ihres jährlichen Haushaltsdefizits auf drei Prozent ihres Bruttoinlandsprodukts (BIP) und den Stand ihrer öffentlichen Verschuldung auf 60 Prozent ihres BIPs begrenzen müssen.

16 EU-Wettbewerbskommissar Joaquín Almunia in einer Mitteilung am 7. Oktober 2014

17 Reuters, 14. Oktober 2014

18 Spiegel online, 14. Oktober 2014

19 dpa, 14. Oktober 2014

20 Pierre Moscovici, Anhörung im Europäischen Parlament am 2. Oktober 2014

21 Rede von Jean-Claude Juncker am 9. Juli 2014 im Europäischen Parlament in Straßburg

22 dpa, 5. Mai 2014

23 Pressekonferenz von Finanzstaatssekretärin Sonja Steßl am 5. Mai 2014

24 Reuters, 29. September 2014

25 BRICS steht für die Anfangsbuchstaben der fünf Staaten: **B**rasilien, **R**ussland, **I**ndien, **C**hina und **S**üdafrika.

26 Als die Next Eleven (N-11) bezeichnet man, gemäß einer im Dezember 2005 von Goldman-Sachs-Chefvolkswirt Jim O'Neill veröffentlichten Liste, elf Länder mit hoher Einwohnerzahl, die einen ähnlichen wirtschaftlichen Aufschwung erleben könnten wie die von ihm erstmals im November 2001 veröffentlichten BRICS-Staaten Brasilien, Russland, Indien, China und Südafrika. Zu den N-11 gehören folgende Staaten: Ägypten, Bangladesch, Indonesien, Iran, Mexiko, Nigeria, Pakistan, Südkorea, Türkei und Vietnam.

27 APA, 22. September 2014

28 Der Spiegel Nr. 37/8. September 2014, S. 71

29 Der Spiegel Nr. 37/8. September 2014

30 Siehe dazu: Fratzscher, Marcel: Die Deutschland-Illusion. Warum wir unsere Wirtschaft überschätzen und Europa brauchen, Hanser Verlag, München 2014

31 Das Treffen fand am 23. August 2014 in Lindau am Bodensee statt.

32 Gemeinsames Papier des deutschen Finanzministers Wolfgang Schäuble und des französischen Finanzministers Michel Sapin für den informellen Ecofin am 12. September 2014 in Mailand

33 dpa, 12. September 2014

34 WIFO-OTS-Aussendung vom 16. April 2014

35 Ebd.

36 Ebd.